ヤイドロンの霊言

「世界の崩壊をくい止めるには」

大川隆法

Ryuho Okawa

まえがき

「島国根性」という言葉があるが、つくづくそれを感じる今日、この頃である。

この国では、世界各地で何が起きようと、しょせん、コップの中のメダカのように、くるくると閉《と》ざされた空間を泳ぐしかないのだ。

選挙をやってはバラまき合戦。報道は恐怖のワンパターン。このアメンボみたいな国に一体何ができるか。

本書は宇宙存在ヤイドロン氏からの「一喝《いっかつ》」である。この国と世界の正義を守るためには、最後は、私が彼らと話し合って決めるしかない。

正義にかなっているなら、私たちを信ずる者たちも、信じない者たちも、救うつもりだ。

世界の九九・九％の人々は、その救いの力が一体どこから来ているかを知らぬままに、余生《よせい》を送《おく》ることになるだろう。

二〇二一年　十月十九日

幸福《こうふく》の科学《かがく》グループ創始者兼総裁《そうししゃけんそうさい》　大川隆法《おおかわりゅうほう》

ヤイドロンの霊言「世界の崩壊をくい止めるには」　目次

第1章　ヤイドロンの霊言《れいげん》

「世界の崩壊《ほうかい》をくい止めるには」

二〇二一年八月二十四日　収録
幸福の科学　特別説法堂《せっぽうどう》にて

第2章　緊迫《きんぱく》する台湾情勢とコロナの今後

――UFOリーディング65（ヤイドロン）――

二〇二一年十月十一日　収録
幸福の科学 特別説法堂にて

「霊言現象《れいげん》」とは、あの世の霊存在等の言葉を語り下ろす現象のことをいう。これは高度な悟《さと》りを開いた者に特有のものであり、「霊媒現象《れいばい》」（トランス状態になって意識を失い、霊が一方的にしゃべる現象）とは異なる。外国人霊や宇宙人等の霊言の場合には、霊言現象を行う者の言語中枢《ちゅうすう》から、必要な言葉を選び出し、日本語で語ることも可能である。

なお、「霊言」は、あくまでも霊人《れいじん》の意見であり、幸福の科学グループとしての見解と矛盾《むじゅん》する内容を含《ふく》む場合がある点、付記しておきたい。

第1章　ヤイドロンの霊言《れいげん》「世界の崩壊《ほうかい》をくい止めるには」

二〇二一年八月二十四日　収録
幸福の科学　特別説法堂《せっぽうどう》にて

ヤイドロン

マゼラン星雲エルダー星の宇宙人。地球霊界《れいかい》における高次元霊的な力を持ち、「正義の神」に相当する。エルダー星では、最高級の裁判官 兼《けん》 政治家のような仕事をしており、正義と裁きの側面を司《つかさど》っている。かつて、メシア養成星《せい》でエル・カンターレの教えを受けたことがあり、現在、大川隆法として下生《げしょう》しているエル・カンターレの外護《げご》的役割を担《にな》う。肉体と霊体《れいたい》を超越《ちょうえつ》した無限の寿《じゅ》命《みょう》を持ち、地球の文明の興亡や戦争、大災害等にもかかわっている。

［質問者五名は、それぞれA・B・C・D・Eと表記］

1　宇宙存在ヤイドロンに、今後の世界情勢等について訊《き》く

大川隆法　では、「ヤイドロンの霊言《れいげん》」をしようと思っています。本当は、昨日《きのう》の夜、ちょっと対話していたのですけれども、遅《おそ》くなってきたので、「明日《あした》のほうがいいのではないか」と言われ、そうしたのです。

最近は、こういうかたちでやると、どうも質問が地上のインタビューと一緒《いっしょ》になって、何かうまくいかず、もう一つ雰囲気《ふんいき》が出ないのです。夜空でも見ながら話をすると雰囲気は少し出るのですが、（こういうかたち

2021年8月23日、上空に現れたヤイドロンのUFOの画像。

だと）出てこないので、ちょっと残念なところがあるのですけれども、まあ、ぼちぼち調子が出てくればいいかと思います。

「夜、打ち切った」ということは、「朝、出るために寝《ね》に帰った」ということなのではないかと思ってはいるのですけれども（笑）、そのへんはよく知らないのです。朝から仕事をしているのでしょうか。どうでしょうか。

世界情勢等もまた流動化してきておりますので、〝地球人の頭〟で考えていないようなことが何か見えていたら、お訊《き》きしたいと思っていますし、直近のことしか考えられないのが普通《ふつう》ではあるのだけれども、もし可能であれば、もうちょっと延長しての予想もできれば、ありがたいかなというふうには思っております。

では、宇宙存在ヤイドロンさん、当会ではいちばんよく名前が知られていると思いますけれども、収録に参加してくださいますでしょうか。お願いします。

（約五秒間の沈黙《ちんもく》）

2　アフガニスタン、ミャンマー内乱と中国の狙《ねら》い

バイデン大統領就任とアフガニスタン、ミャンマーの動きは連動している？

ヤイドロン　うーん。うーん……。はい。

質問者A　おはようございます。

ヤイドロン　はい。

質問者Ａ　本日は、まことにありがとうございます。

ヤイドロン様は宇宙から地球全体を俯瞰《ふかん》されていると思うのですけれども、直近の世界情勢につきましては、やはり、アフガニスタンの動きが大きいかなと思っております。

米軍が撤退《てったい》して、すぐタリバンが国を制圧し、そこに中国やロシアが絡《から》んできて、何か新たな展開が始まっているのかなとも思われます。

まず初めに、この問題が地球に及《およ》ぼす影響《えいきょう》についてお伺《うかが》いできればと思います。

ヤイドロン　まあ、幸福の科学では、中国問題とイスラム問題、順番に片付けようとしていたようではあるけれども、「アメリカの選挙の結果によって、これが個別に対応できなくなって、同時に対応しなければいけなくなった」ということですよね。まあ、読めていたとおりではあるんですけれども。

だから、「中国問題とイスラム問題を同時に巻き込《こ》むかたちでの直面」というかたちになりますので。

去年の大統領選で予想した事態としては、上から下まであると思うんですが、まあ、おそらく、いちばん下のほうの予想で、今、進んでいるのかなとは思っています。偶然《ぐうぜん》だとは思わないでいただきたいと思います。

タリバンが一気にアフガニスタンを制圧したのは、バイデン大統領になる運動と連動している問題なので。まあ、「融和《ゆうわ》主義者と見た」ということです。

「現実は、いっそう世界の分断が進んでいく方向に行く。本人の表面意識では、世界を融和させて平和にしようと思っているが、やっていることは、だんだん世界をもっともっと二極対立する方向に向かわせている」ということで。

まあ、ＩＱ百三十を超《こ》えた人なら分かることですが、そこまで達していない人には分からないことですね。

質問者A　アフガニスタンを契機《けいき》に、中国、ロシア、あるいはイラン等にも動きが起こるとは思うんですが、ここ数年の変化について、どう読んでいったらよろしいのか、このあたりをお伺いできればと思います。

ヤイドロン　この前にミャンマーがございましたよね。今年の二月ぐらいでしたかね。だから、新大統領就任とほぼ同時に、軍事クーデターが起きましたよね。それから、米軍の撤退の予定が、スケジュールが始まったら、同時に、タリバンが一斉《いっせい》に蜂起《ほうき》して、アフガニスタンを取りに入りましたよね。

これ、「全部予想して、計画している者がいた」と考えるべきなので、相手は、あなたがたが考えているよりも、ずっとずっと悪賢《わるがしこ》い。これ、つながっていて、偶然じゃないんです。偶然起きたんじゃない。全部つながっている。それは、ずっと前の、大統領選が始まる前から予定されていた。
あるいは、もっと言えば、「このコロナウィルスが世界中を席巻《せっけん》している状況《じょうきょう》のなかで、いろいろな所で、アメリカの撤退を誘《さそ》うようなことが起きている」っていうことですよね。
これをマクロで計画している者までいるとなったら、まあ、日本人の政権中枢《ちゅうすう》部の頭脳なんていうのは、劣化《れっか》しすぎていて、もう、どうにもならないぐらい。

質問者A　そうですね。

ヤイドロン　とても及ばないですね。

質問者A　その計画している者は、「地上の人間の頭脳」ということでよろしいでしょうか。

ヤイドロン　いや、超えているでしょうね。

質問者A　超えている。

ヤイドロン　それを超えている者が入っていますね。

質問者A　なるほど。

質問者B　地上ではどういう存在が、そうした計画にかかわっておりますでしょうか。

ヤイドロン　もう、今は、法治主義といっても、中国の「法治主義」は、指導者の利益になるようなことを思いついたら、それをするだけのことでございますから、習近平《しゅうきんぺい》が〝終身帝王《ていおう》〟になることを目指しているし、ロシアのプーチンにもそういう欲はありますから、この欲と欲をくっつける方向で動いている者はあって。

幸福の科学の大川総裁のほうは、中露《ちゅうろ》分断をもう何年か前から言っていたのに、戦略眼がそこまである人が日本にはいなかったし、「アメリカのジャーナリストも、残念ながら、あまりにも愚《おろ》かにすぎたかなあ」ということで、ポピュリストに負けた感じですかねえ。だから、ちょっと残念な感じですね。

だから、まあ、トランプさんの〝怖《こわ》さ〟は、やっぱり「予想不可能性」なんですよね。あれが怖い、怖いところなので。習近平も怖がったのはそこですから。

トランプさんがどういう行動を取るかは、ＡＩでも判断ができないところがあるんですよ。まあ、将棋《しょうぎ》や碁《ご》と一緒《いっしょ》かどうか分かりませんけど、違《ちが》う判断をすることがあるので、予想がつかないんですよね。

だけど、バイデンさんだと、彼の能力をインプットすると、だいたい、行動をどう取るかはもう予想がつくんですよね。

それで、「予想がつくということは、罠《わな》が仕掛《しか》けられるということでもある」ということですよね。

今回のタリバンの攻勢《こうせい》なんか、あまりにもあっけない。もう、十日ぐらいで、ほぼ制圧してしまいましたですから。まあ、「アメリカの情報当局が、これほど読みが甘《あま》い」というのは、ちょっと驚《おどろ》きではありましたけどね。

今後、「一帯一路《いったいいちろ》」はどうなっていくのか

質問者B　ヤイドロン様は、アフガニスタンを中心に、今後、中東情勢がどう展開していくと予想されますでしょうか。

ヤイドロン　少なくとも、これで、パキスタン、アフガニスタン、イランの三カ国がつながりましたわね。これは、習近平氏の言っている、「一帯一路《いったいいちろ》」の中央部分ですよね。

　この部分がつながりましたので、あと、「イランからどこまで伸《の》びていくか」ですよね。「イランからトルコ、シリア、それから、ギリシャ、イタリアのほうにつながっていくか。それから、アフリカのほうにつなげていけるか」っていうところだし、南下しては東南アジアのほうですね。ミャンマーを確実に狙《ねら》ってい

たと思うので、見事に……。

ですから、大統領選があったときには、もうすでにミャンマーの軍部への支援《しえん》は中国から入っていたと思います。支援が入っていて、その後のスケジュールについても、ミーティングは行われていたはずです。一年ぐらい前からもう始まっておりました、と思いますけれども。

だから、このタリバンがあれほど蛮勇《ばんゆう》を振《ふ》るえるのも、中国からの兵站《へいたん》がついているからで、それから、二番目の保証人としてロシアがついているからですよね。だから、「アメリカを弱めるためなら協力する」ということですよね。

この二つが入っていますし、イスラエルもすごく弱くなっていますから、今。だから、世界の流れは変わってきつつあると思います。

実は、「タリバン蜂起《ほうき》による、アフガニスタンの政権奪取《だっしゅ》」と、「ミャンマーの軍事政権による、民主主義の破壊《はかい》」は、連鎖《れんさ》反応を次は予定しているものであるので。アメリカやヨーロッパが進めようとする、「民主主義的価値観を世界に広げる」という運動と、「共産主義的な一元管理の人治主義」の能率のよさ、どっちが有効か、という戦いですけれども。

反対勢力がない国家は、それは国内はやりやすいでしょうね。海外の場合には、意見が通じる者がいないとできませんけどね。

まあ、これ、「世界戦争」ですね。

もう一年半余り前から始まった世界戦争が、今、続いていると思います。それは、ウィルス戦争だけでなくて、次の、「軍事政権による、民主政の破壊」というのがあり、あちこちで、引っ繰《く》り返っていくようなかたちで、地球全体でオセロゲームみたいに陣地《じんち》取りをするかたちではありますよね。

コロナウィルスの〝次の兵器〟とは

ヤイドロン　それと、もう一つ、もう早くもシグナルが出ておりますが、コロナウィルスの〝次の兵器〟が「炭疽菌《たんそきん》」だということ、こういうことを明らかにしましたね。中国国内で炭疽菌による死者が出ました。

あなたがたが知っている知識では、一九九三年にオウム真理教が東京の教団施《し》設《せつ》から炭疽菌を散布したことがありました。また、二〇〇一年にアメリカでは、テロリストが炭疽菌入りの封筒《ふうとう》をテレビ局・新聞社・上院議員等に送りつける事件もありました。

このコロナウィルスのときにも、本当は、中国で最初に武漢《ぶかん》で発生する予定がなくて、世界に持ち出して、アメリカを中心に流行《はや》らせ、「震源地《しんげんち》がアメリカだ」ということにしたかったのがスケジュールですけど、その持ち出す前の段階で、これは私たちがはっきり言うことはできないんですけれども、なぜか〝偶然〟に事故が起きて、中国内、武漢で死者が出て、「出発点がそこである」ということを明らかにしました。

なぜか次は、炭疽菌が中国の国内で漏《も》れて、何人か死にました。「〝次の攻撃《こうげき》〟が炭疽菌によるものだ」ということを明らかにするためです。「なぜそれが起きたのか」は、私たちは語ることができません。

質問者A　なるほど。その炭疽菌の攻撃というのは、このあと、どういうふうに広がっていくのでしょうか。

ヤイドロン　これはもう軍事の化学部隊でないと対応ができないので、そうとう遅《おく》れるでしょうね。

質問者A　ああ。

ヤイドロン　ええ。だから、コロナでまだ世界制覇《せいは》が進んでいるうちは、まだそちら中心だと思いますが、そのなかで、印象的な、何て言うか、扱《あつか》いにくいところで、局所的に起きるでしょうね。

質問者A　局所的に。なるほど。

3　霊的《れいてき》な眼《め》で視《み》る「地球の危機」

イスラム教が「唯物論《ゆいぶつろん》の全体主義国家」に近い状況《じょうきょう》にある理由

質問者Ａ　先ほどの話に戻《もど》りますが、その計画の背後にある「人間を超《こ》えた頭脳」というのは、どういう考えを持っているのでしょうか。

ヤイドロン　うん。

質問者Ａ　その頭脳というのは、（闇《やみ》宇宙の）「アーリマン系」と考えてよろしいのでしょうか。

ヤイドロン　うん、まあ、表に出ているのはね。

質問者A　ああ。

ヤイドロン　うん。だから、まあ、裏には、まだまだ……。

質問者A　まだまだいる？

ヤイドロン　まだ続々、あちらもいることはいるので、「チャンス到来《とうらい》」ですよね。

質問者A　なるほど。

ヤイドロン　うん、ヨーロッパ全体、弱っているし。

質問者A　そうですね。

ヤイドロン　アメリカも弱いし。

質問者A　はい。ヤイドロン様としては、その〝アーリマン系の頭脳〟というか、そのあたりを読んでみると、その最終構想はどのようなものになるのでしょうか。

ヤイドロン　うーん……。まあ、今ですね、考えているのは、中国のほうは、

「世界一進んだ国なのだ。コロナウィルスにも打ち勝って、世界を救えるだけの経済力と軍事力があって、科学技術も最高水準で、次の覇者《はしゃ》は中国だ」ということで、「中国寄りに舵《かじ》を切った国だけが発展・繁栄《はんえい》を続けられて、アンチ中国をやったところは滅《ほろ》びていく」という構想ですよね。それにイスラム圏《けん》を巻き込《こ》もうという……。

イスラム圏も、まあ、情けないことは情けないんですけれども、ウイグルであれだけのことをされながら、「国が違《ちが》えばイスラム教同士の協力はしない」っていう、あの関係ですよね、イスラム教の最もよくない部分が出てきていますわね。

ウイグルであれだけやっていたら、パキスタンだって、アフガンだって、イランだって、「イスラム教徒に対して、ああいうことをするのは許せない」という声明を発表したっていいわけですけれども、いやあ、「仲間の信仰者《しんこうしゃ》を犠牲《ぎせい》にしてでも、自分の国を護《まも》りたい」というほうが優先するっていうことですよね。

そういうところをよく見透《みす》かして、やっていますね。イスラム教は、もう、現在、ほとんどですね、「唯物論《ゆいぶつろん》の全体主義国家」にかなり近い状況《じょうきょう》なんですよ。だから、その弱点を見事に狙《ねら》っていますね。

仏教とかキリスト教とかは、いちおうお祈《いの》りのシンボルもありますよね。仏教には仏像があるし、キリスト教は十字架《じゅうじか》やイエス像、マリア像等も使いますから、信仰の対象があってやりますけれども、イスラム教は、モスクなんかはドームがあって、天井《てんじょう》の上、穴をくり抜《ぬ》いて、空が突《つ》き抜けているだけみたいなところですよね。だから、拝《おが》む対象がない。

「アッラー」というのは神の一般総称《いっぱんそうしょう》ですので。アッラーに誰《だれ》も会ったことはない。ムハンマドが、まあ、『コーラン』で、「アッラーっていう神からの意見がある」ということと、それと、『ハディース』で、嘘《うそ》か本当かは別として、「天上界《てんじょうかい》に還《かえ》って、イエス・キリストは第二天にいて、もっと上のほうの第七天ぐらいまで行くと、アブラハムとかがいて、そして、その上にはアッラーがおわした」っていうみたいなことを言っているだけで、誰も会ったことはない。で、降りてもこない。

まあ、そういうこともあって、事実上、イスラムのほうはですね、中世も科学的な開発が進んでいましたけれども、今は、ほぼ、何て言うかなあ……。

キリスト教と仏教には、「聖職者」っていうか、出家《しゅっけ》して修行《しゅぎょう》する専属の宗教家がおりますけれども、イスラム教にはいないんですよね。イスラム教は、全部〝在家《ざいけ》〟なんです。在家なので、今の、最高指導者であれ、大統領であれ、その下の幹部であれ、イスラム教徒で聖職者のようなことを言っていても、みんな在家、在家信者なんですよ。

だから、出家者が一人もイスラム教にはいないんです。在家であるので、一般国民がやっていいことは全部やっていいことになっている。

この〝弱点〟を見事に突いて、イスラム教国を、結果的には、共産主義の一党独裁の、平等を旨《むね》とした唯物論国家に変えようとしている。アッラーのところに、毛沢東《もうたくとう》が座《すわ》ろうが、習近平《しゅうきんぺい》が座ろうが、別に構わないわけなので。その思想的近《きん》似《じ》性を見破って、接近して、つなげようとしていますね。

もし、神をね、実在のものとして信じているならば、タリバンだって、イスラムの教えのなかでは、例えば、人を殺すこと等は禁じられていますし、それから、姦淫《かんいん》も禁じられていますから、ウイグルで行われている、女性の囚人《しゅうじん》の集団レイプ等は、イスラム教的には許されることではないことですよね。

でも、そういうことも、無視してやっていますので、もう極《きわ》めて、この世的な権力の掌握《しょうあく》と、それから、「食料を得るため」ということに向かっているようですね。

だから、今寝返《ねがえ》っているところには、中国の武器・弾薬《だんやく》と食料の援助《えんじょ》がついている。ミャンマーだって、それがついていなければ、軍事政権なんか成り立たない。欧米《おうべい》が制裁しても、生き残れる目処《めど》が立っているから、やっていることです。ミャンマーを押《お》さえれば、次はインド。ミャンマーとパキスタン、それから、ネパール、ブータン、チベット、このあたりに軍を進めていけば、インド包囲網《ほういもう》ができる。スリランカにももう手は伸《の》びていて、中国の軍港ができていますから、四方《しほう》から対インド戦まで考えているっていうことでしょうね。

だから、軍事的に見れば、そうとう本格的に、プロフェッショナルに考えてはいると思います。

地球意識は、まもなく〝爆発《ばくはつ》〟する？

質問者A　その共産党的な、一党独裁的な社会が最終的に地球を覆《おお》うというのが、〝宇宙の頭脳の考え〟だとしたときに、そのあとはどうなるのでしょうか。

ヤイドロン　いや、それはね……。まあ、それには秘密のところがあるから言いにくいけど、まあ、このままで順調にすべてが進むとは私たちも思ってはいないので。

まあ、「ある程度、人類が自分たちの進む方向の善悪を見定めるきっかけまでは必要なのかなあ」とは思っているので、「これは間違っている」ということが分かるところまでは、いろんなことは起き続けるんじゃあないでしょうかねえ。

質問者A　気づくまで？

ヤイドロン　うーん。

質問者A　今のお話を聴《き》いていますと、幸福の科学で総裁先生が説かれている「自由・民主・信仰」、これがまさにその対立点というか、防波堤《ぼうはてい》になると思いますが、最終的に人類は、「ここに気づく」ということになるのでしょうか。

ヤイドロン　うーん。「独裁、貧困《ひんこん》による平等、それから、無神論・唯物論」っていうところですよね、向こうはね。「こちらのほうが、より効果的で、この世だけがすべての世界だ」と思えば、「それで何も悪くない」ということで。だから、「人間は道具にしかすぎないし、使えるときには使えるし、税金が取れるものなら取れるし、食料がもったいなかったら死んでいただく」と、まあ、そういう考えです。

だから、もう、「ナチスも遠くなりにけり」で分からなくなっているし、そういう歴史書を読まないですから。報道もしないし、文学作品や映像でも流れませんので。もう中国の「愛国一心」ですから、一色ですよね。

質問者A　なるほど。

ヤイドロン　まあ、ここが次の渦《うず》になるし、あなたがたが知らなきゃいけないのは、「それに、さらにもう一つ、気候変動を絡《から》めている」っていうことですよね。だから、ドイツで大雨が降って、まあ、あそこでも降りましたけどね、中国でも降りましたが、日本でも降って、今、アメリカのテネシーで洪水《こうずい》が起きて二十人以上の人が死んだ。アメリカでは、「川の氾濫《はんらん》で人が死ぬ」っていうのはちょっと珍《めずら》しい。ハリケーンとかで水没《すいぼつ》することは多いんですけれども。

まあ、ちょっと変わったことが起きていて、より加速させようとしているような動きも出てはいるようには思います。

このへんは、中国の人工衛星なんかの動きも少しウオッチしなければいけないかもしれません。

質問者A　中国の人工衛星と気候変動は、つながっているところもある……。

ヤイドロン　「可能性がある」っていうこと。というか、人工的に今は雨を降らすことはできるので、ええ。だから、そのへん、たぶん、今、〝練習中〟だと思いますが、コントロールをかけようとしていると思います。

質問者A　ヤイドロン様もチラッとおっしゃっていたことがある地球意識についてですが、このまま、気候変動まで、もし人間がコントロールしようとしたときに、意識を持っていらっしゃる地球意識は……。

ヤイドロン　いや、〝爆発《ばくはつ》〟しますよ。

質問者A　爆発？

ヤイドロン　まもなく〝爆発〟しますよ。まもなく、優《やさ》しいヤイドロンみたいではなくて、ヤハウェみたいな怒《いか》りの神が現れてくるはずです。

質問者A　怒りの神。

ヤイドロン　どこかでね。もう、どこかというか、まあ（笑）、「どこか」といったって、まあ、私たちが火をつけるんだけど。まあ、もうすぐ。

質問者A　もうすぐ？

ヤイドロン　うん。ご都合《つごう》のよろしいときに。

質問者A　それは、やはり自然環境《かんきょう》の……。

ヤイドロン　それは、まだね、ちょっと、（中国は）今、〝練習〟しているからね。的確に、ここの部分にピンポイントで火事を起こすとか、洪水を起こすとか、できるように練習しているんですけど、まだ必ずしも精度がよくないので。

だから、ウィルスでしょう？　炭疽菌《たんそきん》でしょう？　それから、山火事でしょう？　洪水でしょう？　だから、いろんなものをやっているんですよ。

質問者A　なるほど。

質問者C　アメリカの山火事ですとか、ほかの国の洪水とかは、中国のそういった〝兵器〟によるものという可能性が高いのでしょうか。

ヤイドロン　まあ、兵器というほどのものでもないかもしれませんが、計画すればやれますわな。だって、すでにアメリカに住んでいる中国人はたくさんいるんですから。そのなかに人民解放軍のスパイもかなり入っていますからね。

まあ、兵器と言やあ、兵器を使うことも可能ですが、お金が惜《お》しければ、マッチ一本でやれることですから。ハッハッハッハッハ（笑）。

小笠原《おがさわら》諸島の新島《しんとう》は大陸の変動につながるのか

質問者B　気候変動、異常気象等について、今、お話を頂きましたので、その関連で質問させていただきます。

最近、「日本の小笠原《おがさわら》諸島のほうで、新たな島が確認された」というようなニュースもございまして、今後、大陸の移動も起こりうるのかなと思いますが、もしお話しいただけることがあればお願いできますでしょうか。

ヤイドロン　まあ、それは、もうちょっと時間がかかるかもしれませんけど。

最終の、地球意識の判断には、大陸の沈没《ちんぼつ》や浮上《ふじょう》まで入っていることは、あなたがたは知識としてはご存じですよね。ただ、現時点で生きている人たちは、頭はそこまでは回らないっていうのが本当ですわね。

だから……、まあ、それは、「どこかが浮上する場合は、どこかが沈没する」ってことですよ。

質問者B　一説には、「今浮上している所は、かつてのムー大陸の西の端《はし》のほうだ」とも言われておりまして、「ムー大陸がまた出現しようとしている」ということかと推測しますが、今ヤイドロン様がおっしゃられたように、「新たな大陸が出てくる」ということは、「今ある大陸が沈没していくことだ」ということでしょうか。

ヤイドロン　まあ、それより先に、いちおう火山爆発なんかのほうが先に起きると思いますので、幾《いく》つかの火山が吹《ふ》っ飛ぶような感じになると思いますけどね。そっちが先でしょうね。

質問者Ｃ　富士山《ふじさん》とかですか。

ヤイドロン　うーん、まあ、それは、あなたがたにとってはいいことか悪いことかは、ちょっと考えなきゃいけないので。まあ、富士山よりは白頭山《はくとうさん》のほうに、先に噴火《ふんか》していただきたいんじゃないですか、どっちかといえばね。

4 〝第三次世界大戦〟と台湾《たいわん》、日本の行方《ゆくえ》

第三次世界大戦は始まっている？

質問者D 「アフガン、ミャンマー等が、全部一つにつながっている」ということですが、やはり、何か第三次世界大戦の予感を感じられている、宇宙から俯瞰《ふかん》して、そのようにご覧になっているということでしょうか。

ヤイドロン いや、もう、「予感している」とか「感じている」とかではなくて、「始まっている」と言っているんです。

質問者D　はい。

ヤイドロン　だから、今までの戦争と違《ちが》うので、形態がもう。〝違った形態〟で始まって……。

質問者D　はい。日本は、そのなかで、戦後体制といいますか、例えば、アフガンから大使館員が退避《たいひ》するに当たっても、自衛隊がまだ出動をしていませんでした。このような状況《じょうきょう》を、どう……。

ヤイドロン　まあ、「輸送機だけ送る」とのことですけどね。

質問者D　はい。英軍機に助けてもらって。

ヤイドロン　「輸送機を送って、日本人の救出と、日本大使館に勤めていたアフガン人の退避は認める」と。これはちょっと珍《めずら》しい。まあ、少し踏《ふ》み込《こ》んではいるんでしょうけど。

まあ、輸送機がバズーカ砲《ほう》なんかで撃《う》ち落とされないといいですねえ、本当に。タリバンの、肩《かた》に背負っているこれで落とされたりすると、本当に恥《はじ》ですから、自衛隊は。本当に世界に恥をさらしますから、気をつけていただきたいですね。「エスコートなし」なんでしょう、どうせ。普《ふ》通《つう》は、輸送機が行くときには、ジェット（戦闘《せんとう》）機ぐらい、エスコートでつかなきゃいけないんですけど、エスコートなしで行くので、「平和な時代と同じだ」と思っているかもしれないけど、どの国の上を飛んでいるときに何が飛んでくるか分かりませんから。まだ戦時体制になっていないから。

まあ、どうでしょうかね。しっかり航空ルートを秘密にしながら行かないと、待ち構えていることもあるかもしれませんし、空港は狙《ねら》われています。

質問者Ｄ　はい。他国に比べて、退避作戦も大きく立ち遅《おく》れたような状況だと思います。「世界情勢に対し、日本だけが、意識が本当にもう遅れているというか、対応し切れていない」という状況があるように思います。

ヤイドロン　それどころか、次の政局で、日本には共産党が政権に入るかもしれない状況が近づいてきているわけなので、とっても危険です。

共産党が政権に入って大臣のポストを一つでももらったら、それは、世界の地図は変わりますよ、そうとう。

「何もしない日本」に対するメッセージとは

質問者C　「何もしない日本」に対しては、総裁先生も、もう、「この国は本当に駄目《だめ》だな」っておっしゃるときもございまして、「世界の人たちが苦しんでいるときに、無関心の日本人が大多数」という状況については、もう、私たちも、「いかんともしがたい」と思っているんですけれども、何かメッセージなどはございますでしょうか。

ヤイドロン　日本も、「日本の政治体制は、戦後、占領軍《せんりょう》によってつくられたものであるから」ということで、他人事《ひとごと》みたいに生きてきているところがありますのでね。自分たちが伝統的に守ってきた価値観とは思っていないところがある。押《お》しつけられたと思っていて、「押しつけられたから、その分、日本の警備をせよ」と言っているようなところがある。

今回、図《はか》らずも、アフガニスタンでタリバンが首都まで陥落《かんらく》させて、報道機関まで占領することによって、アメリカのバイデン大統領は、まあ、言い訳ですけれども、「こんなに早く陥落するとは思わなかった」ということも言ってはいましたが、「自《みずか》らの国を自らの軍隊が護《まも》ろうとしない国にアメリカが武器の供与《きょうよ》をしたって無駄であるし、そうした自分たちで自分たちの国を護ろうとしない国を、アメリカ人の兵士が命を懸《か》けてまで護ってやる必要はない」ということを言いましたね。

これは、すでに霊言集《れいげんしゅう》で、「バイデン（守護霊）の霊言」で出ていたとおりですよね。「日本が自分で国を護る気がないなら、なんでアメリカが護らなきゃいけないんだ」と、彼は言っていましたよね。

『バイデン守護霊の霊言』（幸福の科学出版刊）

だから、「次に戦争があるとしても、戦場は日本で、中国とアメリカのどちらが勝ったかは、日本をどちらが取ったかという結論で決まる」ということですよね。

これに、今、ロシアも一枚加わる可能性がある動きを示しているということですね、北方四島を軍事基地化して。

「アメリカによる侵略《しんりゃく》に備える」という名目で中露《ちゅうろ》が組んで日本を取りに来た場合、先の第二次大戦の終わり方に納得《なっとく》がいっていない国たちが、もう一回、地図を書き換《か》えたい場合ですよね。「アメリカが（日本を）〝独《ひと》り取り〟したというのがけしからん」ということですから。

もし、中国が考えている構想どおり、第一列島線は日本の近海ですが、第二列島線がハワイまで退却《たいきゃく》するということであれば、アメリカの軍事ラインがハワイまで退却すれば、日本は、「中国か、ロシアか、その両方か」の侵略、植民地思想に耐《た》えられなければ生き残れないでしょうね。

バイデン氏の弱みを読み、中国が狙《ねら》っていることとは

質問者Ｄ　今、バイデンのアフガンへの対応についてお話しされました。これについては、情報の見立てが誤っていたという見方もあります。ただ、今おっしゃられたように、霊言で明らかにされていたとおり、ある種の「確信犯」というか、「アメリカはもうこれ以上コミットできないので、混乱が起きても構わない。だけど、もう撤退《てったい》を決めているのだ」というような考えがバイデンのなかにあって、もしかしたら、それが東アジアでも起こりうるのではないかというところは……。

ヤイドロン　そういうことです。いや、それが狙《ねら》いというか、中国の狙いは、そこなんです。

だから、台湾《たいわん》が浮《う》き足立っていますよね。

質問者D　はい。台湾も脅迫《きょうはく》されています。

ヤイドロン　野党が勢いづいて、蔡英文《さいえいぶん》を追い出すチャンスですよね。「あんなふうになるぞ、アメリカに護ってもらえば」と。

質問者D　台湾にも「この教訓をよく見ておくように」というようなことを、中国が平然と言ってのけるような状況になっています。

ヤイドロン　日本にも言っていますけれどもね、ある意味では。だから、次は、「米軍基地があると、日本は安全ではない」と、中国の報道官はアナウンスするでしょう。「米軍基地がある国は安全ではない。米軍基地がない国は安全だ」というようなことを言うかもしれませんね。

質問者D　この状況を見ますと、尖閣《せんかく》についても、バイデンの本音としては、「日本軍が出動しないなら、日米安保《あんぽ》条約第五条を適用するという合意はしていても、おそらく何もしない可能性が高いのではないか」ということは、当然、日本政府としては見積もりを立てないといけないと思います。

ヤイドロン　まあ、日本としては、「米軍が尖閣を護るために出動して囲んだら、自衛隊も後ろからついていく。米軍を護り補給をつけるためには、金魚のフンのようにくっつける」というぐらいの、たぶん、考えはそんなところでしょう。

これは残念だけれども、「今までのアメリカとは違いますよ」ということですね。

「トランプさんが、なぜアフガンからの撤退を決めたか」については、ちょっと議論はあるところだとは思います。軍事費用の削減《さくげん》をしたかったというのは当然ありますが、まあ、「財政赤字を減らして経済を活性化させて、もうちょっと経済的にも強い国にならなければ、軍事的にはもう支え切れない」というところで、これは、アメリカの経済改革、内部での工業の復興等とも一連のものであるんです。

しかし、このへんが、バイデンさんにはつながっていない部分であるのでね。「軍事は軍事」だと思っているところがあるから。

だけど、習近平《しゅうきんぺい》氏がアメリカを訪問して、フロリダのトランプさんの別荘《べっそう》に呼ばれて、メインディッシュを食べて、デザートに移る瞬間《しゅんかん》にメモが入った。「ただいま米軍がシリアにミサイルを撃ち込みました」というのが、習近平がデザートを食べるときに入ってくるというようなことがあった。これは〝脅《おど》し〟ですよね、完璧《かんぺき》な脅しですけれども、こういうことができる人であったという、この〝怖《こわ》さ〟はね。だから、「アフガンから撤退する」といっても、何をするか分からないところはありますからね。

バイデンにはそれができないと思われますので、この〝弱み〟を完全に読まれています。中国も囲碁《いご》とかをやりますからね、そういうふうに読むので。

「政治は政治、経済は経済」の日本企業《きぎょう》が中国に与《あた》えたもの

質問者A　軍事力のところでさらにお訊《き》きしたいのですけれども、最近、半導体がなくて、「車もつくれないわ、電気製品もつくれないわ」というようになっています。日本では、この直前には半導体工場が急に火事になったりしています。

要するに、「車が動かない」ということは、「兵器も動かない」ということも意

味するのではないかなと。何か一つの作戦が、このなかに……。

ヤイドロン　まあ、主たる工場とかが中国にあったのでは、全部、接収《せっしゅう》されるに決まっていますからね。アメリカが制裁を加えて、日本が日米同盟で軍事共同行動を取ったら、日本の自動車の工場は全部接収されて中国のものになるでしょうから、使えないですよね。

それから、東南アジアのほうにみんな工場を移そうとしているときに、東南アジアでコロナが流行《はや》ったり、軍事クーデターが起きたりして、政情不安で、日本人が嫌《いや》がる、逃《に》げ出したくなる状態をつくっていますよね。

このあたりまでは全部、読んでいるとおりです。

質問者A　そうすると、日本の企業《きぎょう》も、中国の軍事力の強化に知らず知らず加担しているところもあると……。

ヤイドロン　うーん、「知らず知らず」とは言えないでしょうね。

質問者A　知っていて加担している……。

ヤイドロン　知っていて、「政治は政治、経済は経済」。戦後、それでずっとやってきたので。「アメリカが護ってくれるから経済に専念できる」ということで、まあ、「政治三流、経済一流」というのが、バブル期までの日本の基本的な標語でしたでしょうから。

質問者A　今の自民党ですと、中国と経済は結びついていると考えている人たちが多く、経済についても国防という観点からもう少し知恵《ちえ》のある人が出てこないといけないと思うのですが、「今の自民党政権がこのまま続いて、本当に大丈夫《だいじょうぶ》なのか」というところなのですけれども……。

ヤイドロン　いやあ、何が続いても駄目でしょうけれども（苦笑）。少なくとも、中国のハッキング集団が、日本の会社、特に軍事や、そうしたエレクトロニクス、コンピュータ関連の会社を中心に二百社以上にハッキングをかけていた。何年もかけてやっていて、情報を抜《ぬ》いていたということまで分かっていて、何らの対応も取れないでいるということなんかは、ちょっと情けない状況でしょうね。

中国の人工衛星に核《かく》ミサイルが搭載《とうさい》されている可能性がある？

質問者A　中国と日本の軍事力については、もう中国に抜かれているとは思いますが、日本が本腰《ほんごし》を入れて防衛に当たるために、ここ数年、あるいは十年近くの未来で、どのような産業、技術を開発していったらいいのか、新しい観点があれば教えていただきたいのですけれども。

ヤイドロン　もし、私が中国の報道官であれば、日本が中国に牙《きば》を剥《む》こうとする姿を見せたら、「人工衛星からでも核《かく》ミサイルは撃てるんだぞ」と一言《ひとこと》、言えば、もう何もできなくなるでしょうね。日本は人工衛星を撃ち落とす力はありませんから。

質問者Ｂ　今、とても重要なお話をされたのですが、実際に、中国の人工衛星に核が搭載《とうさい》されているということでしょうか。

ヤイドロン　可能性が……。

質問者Ｂ　あるということですね。

ヤイドロン　……高いし、できるようになっています、すでに。

これは、最後、私たちが出動するかどうかの場面のところですから、あまり詳《くわ》しくは述べることはできませんけれども。

通常の軍事クーデター的なものでやっている部分は、確かにもう、彼らは「内政干渉《かんしょう》」と言うし、民族自治の問題をまた出してきて、「中国は民族自治でやっているんだから、同じように、ミャンマーも一緒《いっしょ》、アフガンも一緒、外国による侵略を許さないで、自分たちの手で国をつくって政治をやるんだ。だから、出ていけ」と、「外国は出ていけ運動」を広げていくつもりでやっていますので。

そうした、軍事クーデター、戦車とマシンガンぐらいで市民と戦っているような、デモと戦っているような状況で、宇宙から私たちが何かできるかと言われると……。

昨日《きのう》も、ちょっと大川総裁に叱《しか》られたんですけども。ちょっと宇宙で……、私が出ていたんですけども、紫央《しお》総裁補佐《ほさ》が「宇宙人が来ているかもしれないから、話をしたほうがいいんじゃないか」と言っても、「いや、宇宙人は働かないから、もういい。どうせ、やる気がないんだから」と、そうおっしゃっていたので。

まあ、一部、当たってはいるんですが。実際に、何と言うか、その国の軍隊が国民をいじめているような状況で、宇宙人が入って、そこで、その軍隊をみんな皆殺《みなごろ》しにし始めたら、これは〝宇宙戦争〟にしか見えないですので、もうちょっと大義名分《たいぎめいぶん》がないと確かにやりにくいことはあるし、宇宙人の存在自体もまだ明確でもない状態ですので。

「核戦争をやる」とか「大陸間弾道弾《だんどうだん》が飛んだ」とかいうなら、撃ち落としても、「まあ、別にそれは分かってもいいかな」と思うし、実際、撃ち落としたこともあるので。〝事故〟だと思っているだけで、撃ち落としたことはあるんですけども。

そのあたりまでなら即断《そくだん》で入りますけれども、何ですかね、自分の国の軍隊を、それを牛耳《ぎゅうじ》れないレベルというのも、ちょっと。まあ、「その程度の国である」という部分を、地球人はどう捉《とら》えるかですよね。

日本人の〝他人事《ひとごと》精神〟を変えるために必要なものとは

質問者B　今のお話は、ヤイドロン様や、メタトロン様、R・A・ゴール様など、地球神を護る宇宙的ご存在が、この地球に介入《かいにゅう》できるレベルが決まっているということだと理解させていただきました。

中国が世界中に広げているコロナウィルスや、先ほどおっしゃった炭疽菌《たんそきん》などの生物兵器、化学兵器等を使ったレベルでは、まだ宇宙からの介入は難しいと……。

ヤイドロン　まだ認めていないでしょう。どこも言い合い合戦をしているだけでしょう。「アメリカ発」だとか、「何とか発」だとか、「自然発生説」から始まって。

まあ、中国もよく言いますよね。「外国からの冷凍《れいとう》食品のなかに入ってきた」とか（苦笑）。まあ、昔もありましたけれども。中国産の冷凍食品が日本に入ったときに、何かそんなことはありましたけれども、「ああ言えば、こう言う」というのができる国というのは、ある意味ではうらやましいかもしれませんが。

彼らは、中国人は嘘《うそ》がつける。積極的に嘘がつける。北朝鮮人《きたちょうせんじん》も韓国人《かんこくじん》も嘘がつける。それから、今、対象になっている砂漠《さばく》地帯のイスラム教圏《けん》も全部、嘘がつける。

日本人は、表向きは嘘がつけない。しかし、別の面から見ると、本音と建前を分けて行動する。だから、間接的に嘘がつける。これが日本の立場ですよね。これが、「裏側霊界《れいかい》」とよくいわれている部分ですけれどもね。直接的には嘘はつけない。間接的に嘘をつく。建前と本音を分ける。

例えば、「『自衛隊は軍隊ではない』というようなことの議論は、延々と続ける」みたいな感じですかね。こういうのはもう議論の余地がないことですけれどもね。

ただ、「軍隊ではない」と言っていることにより、そうした防衛などに支障が出ていることは事実でしょうね。

あるいは、アメリカの大統領がＵＦＯと思われるものを発表したといったら、日本の防衛大臣は、「アメリカの大統領が、あるいはペンタゴンが発表したんだから、まあ、私は信じていないが、万一《まんいつ》、そういうものを航空自衛隊の人が発見したら、できるだけ証拠《しょうこ》を集めるように」みたいな命令でしょう? こういう〝他人事《ひとごと》〟なので。全部、他人事ですから。

アメリカにとっては、「宇宙からの占領が来る場合」と、「外国が宇宙人のふりをして技術を何か持っている場合」と両方に備えなければいけないからね。

この「日本の他人事精神」のところを直さなければいけないし、本音で活動していたのは、あなたがたの政党ぐらいでしょう。

うーん、何でしょうかね、このコロナウィルスについてもだいぶ言っておりますし、中国の領土的野心についても、まあ、マスコミもだいぶ追随《ついずい》するようにはなってはきましたけれども、やはり、あくまでも〝逃げ〟は入っていますので。

もし、自分たちにそれだけの力があっても、それを使わないのであれば、やはり、われわれがそこまで介入してやっていいのかどうかという問題はあるので。
自分から腹を切る人だとか、自分から崖《がけ》から飛び込む人は、警察も、もうどうしようもできないというところはありますよね。死にたければ死ねますものね。北陸に行って、崖から日本海に飛び込まれたら、まあ、それは勝手ですからね。そこまで、個人個人をみんな監視《かんし》しているわけではないから知らないし、武士が切《せっ》腹《ぷく》するのだって、切腹したいなら、もうしょうがないですからね。

だから、これはマインドを変えなければいけないところで、それで、あなたがたのところで天御祖神《あめのみおやがみ》が最近は出てきて、「武士道の精神」も言っているんだと思うんです。「もうちょっと善悪を分けて、決然とした行動を

『天御祖神の降臨』(幸福の科学出版刊)

『現代の武士道』(幸福の科学出版刊)

取るように。これが本来の日本である」ということで、「戦後が必ずしも正しいわけでない」ということを言っているんだと思うのです。

ただ、大川総裁が言っても、まだ、それで動くわけではないので、もうちょっと悲劇的な状況は、日本には出てくると思います。

質問者A　それは、ここ数年の間に出てくるということでしょうか。

ヤイドロン　うん、まあ、ちょっとでもいい格好をしようとすると、すぐに、反作用のほうが大きすぎて黙《だま》ってしまうというか、プレーリードッグのように穴のなかに逃げ込むことをする可能性は高いでしょうね。

台湾《たいわん》が取られたら、次は沖縄《おきなわ》、そして日本本土

質問者A　この悲劇的状況とは、どういうような状況なのでしょう？　自然なのか、軍事的問題なのか……。

ヤイドロン　だから、例えば、今日にでもやろうと思えば、中国は台湾攻撃《たいわんこうげき》は開始できます。距離《きょり》も短いので、南の海岸には、もうミサイル、ミサイルだらけですから、それは発射すれば、今日でも始まります。

それで、台湾は応戦します。当然、応戦しますが、持ち堪《こた》えられるのは一週間から十日です。その間に国連の決議等があって、アメリカやヨーロッパのほうが助けに来ないかぎりは滅《ほろ》びます。

そのときに、日本は、その一週間から十日ぐらいの間に、例えば「台湾防衛に

参画する」という意思決定はできるのか。「参画する」という場合に、いったいどこまでするのかという問題がある。米軍とかヨーロッパの軍隊に後ろから石油を供給するとか、怪我人《けがにん》が出たら日本国内に運んで病院に入院させるとか、そういうレベルなのか。あるいは食料の援助《えんじょ》だけするというのか。何にも決まっていないですから。

質問者A　もし、台湾を放置してしまった場合、「次のステップ」は……。

ヤイドロン　沖縄《おきなわ》を取ります。台湾が取られたら、沖縄は取られます。確実に取られます。

だけど、その間に、やはり、（中国は）アフガンと同じ米軍の撤退戦略を練っていますから、「どうやって撤退させていくか」ということを。

だから、地元で共産主義的勢力を増やしていく。左翼《さよく》を増やして、基地反対運動で、今、せっかく基地を普天間《ふてんま》から辺野古《へのこ》に移転しようとして反対運動が起きていますから、「これに巻き込まれるぞ」ということで「基地を撤去させる」とか、「核ミサイルを持ち込ませない」とか、そういうようなことでしょうかね。

オスプレイの配備だって、反対運動をやっていたぐらいですから。オスプレイというのは、本当に、尖閣まで行って向こうの人を運んでこれるぐらい、往復できるぐらいの力がありましたからね。航続距離の短いヘリコプターなら途中《とちゅう》で墜《お》ちてしまいます。これは、航空自衛隊業界ではたいへん重要な問題ですから、航続距離というのはね。

こういうことを、住民は知ってか知らずか、反対運動しかしませんので。「墜ちたらどうする」ということばかり言っておりますから。それは、UFOだって墜ちるときは墜ちますからね、まあ、しょうがないんですけれども。

質問者Ａ　「沖縄の次」というのはあまり語られていないのですけれども、もし沖縄を取られてしまったら、そのあとは？

ヤイドロン　いや、それは〝日本を全部取る〟つもりでしょう。

質問者Ａ　全部。

ヤイドロン　うん。だけど、中国が取りに入るんだったら、ロシアだって動くでしょう。

質問者Ａ　同時に動くと？

ヤイドロン　そのために、北方領土の要塞《ようさい》化を今進めているんですから、北海道をまず取るでしょうね。

自衛隊は、そんな、南と北と両方、同時にやれませんから。以前は、冷戦時代は北海道と東北の日本海側だけ護っていましたが、今はずっと南のほうにシフトしていますので。

まあ、残念ですが、それを救うために、二〇〇九年に幸福実現党をつくったのでしょうけれども、結果は、国民は全然それに乗ってこなかったということでございましょうから、「滅びのスケジュール」には入っていますよね。

5　日本が目覚めるために必要なこと

「悪がはびこっているところまで護《まも》る必要はない」

質問者A　最初のほうで、ヤイドロン様は、「独裁的支配を最後まで全《まっと》うさせるつもりはない」というような趣旨《しゅし》のことはおっしゃっていましたけれども……。

ヤイドロン　私たちは、「信仰《しんこう》のある、きっちりしているところ」は護《まも》りたいとは思ってはいる。

質問者A　条件は「信仰のあるところ」ですね。

ヤイドロン　うん。それと、「地上に正義が現れようとしているところ」ですよね。「悪がはびこっているところ」まで護る必要はありませんので。

ただ、日本の場合は、菅《すが》総理（当時）が広島とか長崎《ながさき》に原爆《げんばく》の日に行って、あとに、両方とも線状降水帯《こうすいたい》で大雨が降っていますので。これは、必ずしも中国の兵器とは思えないものですので、日本独自の神意が表れているものだと思います。

だから、ノーモア・ヒロシマ的なものが、日本が再占領《さいせんりょう》される、そういう道を開く運動になっているなら反省を求めていると思うし、原発事故があったあとも、福島にもそういう自然災害がよく起きていますから。このあたりは、日本神道《しんとう》系に近い人たちが、やっぱり反省を求めているように、私は思います。

質問者A　「信仰のあるところ」といっても、それはかたちだけの信仰ではなくて、本物の信仰、このエル・カンターレ、創造神に対する信仰を持っているということだと思います。しかし、日本では、そもそも信仰を持っている人間は少ないでしょうし、アメリカでさえ、唯物論《ゆいぶつろん》国家になりつつあります。こういったところは、このままで救われるのでしょうか。

ヤイドロン　もう一つは、騙《だま》されていますのでね。

中国が、鄧小平《とうしょうへい》以降、改革、まあ、「修正社会主義であれば、ちゃんと計画的に発展できる」みたいなかたちにしてやっていますので、何かあちらのほうが……。昔、ソ連が伸《の》びていたときも、そういうふうに思われましたけれども、(そう)思っている人もだいぶいるので。

アメリカなんかは、マスコミは悪いことばっかり暴《あば》きますから。経済が悪いことをいっぱい言いますけれども、中国のほうは隠《かく》しますから。それから、死者の数でも減らしますし。

コロナの感染者《かんせんしゃ》なんか、例えば、北朝鮮《きたちょうせん》はゼロなんでしょう? ね? 公式にはゼロで、そして、なぜかコロナの対策責任を取って、上の人のクビを何人か取っているんでしょう? 更迭《こうてつ》していますよね。中国も、(感染者数が)十万人かちいっこうに増えないということですよね。

こういう「嘘《うそ》」を放置できるというか、世界正義の下《もと》にキチッとできないというのは、「マスコミ型民主主義は機能していない」ということだし、ネット社会だから自由な言論が世界にはびこるはずだったのに、これも「管理されている」ということですよね。

アフガンのタリバンでさえ、写真とか報道目的でやったものはネットに載《の》せられるから、次々殺していますよね、今。そういう報道をする可能性があるものはそうだし、ミャンマーも同じですよね。

だから、相手を殺すことを何とも思わない人にとっては、「そういう紙の上だけとか映像の上だけで悪を開示すれば、崩壊《ほうかい》する」みたいなことは効き目がない、民主主義国家以外は効き目がないということを意味しています。

けっこう悪い方向に進んでいて、まあ、いろいろ出版もしたりしたし、映画もつくったりしてやっているけれども、残念だが、〝パーセンテージの問題〟があるんですよ。

テレビなんかでしたら、ニュースとかは最低でも十パーセントの視聴率《しちょうりつ》で一千万人が観《み》ますものね。多いときはもっと観ますから、何千万も観ます。そのあたりだったら影響《えいきょう》は出ますけれども、幸福の科学出版の本とか映画とか、この程度のものでは世論《せろん》は動いていないということです。

いや、私たちの出番はどこかというのは、それは私たちも考えてはおりますけれども、うーん……、まあ……、「予言があった」というだけで終わりになる可能性もないとは言えない。

闇《やみ》宇宙のアーリマンの暗躍《あんやく》に対して〝原始的な戦い〟をしている理由

質問者C　いちばん最初のほうに、「地上の人間の頭脳を超《こ》えた存在が明らかに暗躍《あんやく》している。アーリマン系の存在だろう」というお話がございましたが、彼ら闇《やみ》宇宙の存在としては、地球全体の価値観を変えていくことによって、何を狙《ねら》っているのでしょうか。エル・カンターレに対して歯向かっているように見えるのですけれども、彼らの狙いというのは、いったい何なのでしょうか。

ヤイドロン　世界史を見れば、人類の歴史のなかには何度も暗黒時代は来ていますので、それ自体を全部消すことはできない部分はありますが、必ず、まあ、中国的に言えば、「革命」が起きることにはなるんです。ただ、革命が起きるまでの間は、ちょっと暗黒時代になります。

革命が起きる条件というのがあるので。今は「革命政権」ですが、それに「反革命」が起きる条件ですよね。

日本の場合、その革命に対する反革命が起きる条件が十分でないということです。本当に悪いことが起きたとしても、今の日本人の気質から見たら、尖閣《せんかく》どころか沖縄《おきなわ》あたりが取られたとしても、戦争をするかどうかは分からないですね。

質問者A　さらに、そのアーリマンに対する戦い方についてお訊《き》きしますが、ヤイドロン様がたと共に、最近では、洞庭湖娘娘《どうていこニャンニャン》という方なども出てこられていますす。宇宙と霊界《れいかい》で、どうつながって、この地球を変えていこうとされているのか、そのあたりについて、何か明かしていいことがあれば。

ヤイドロン　ハハハッ（笑）。ああ、まあ、ある意味では〝非常に原始的な戦い〟をしていて申し訳ないとは思っています。洪水《こうずい》を起こしたりバッタを飛ばしたりというのは、やや原始的だなとは思ってはおりますけれども。

ただ、〝宇宙からモンスターが来て暴れる〟というのも、そんなに、あとあと、私たちにとって後味がいいものでもありませんのでね。

まあ……、地球人を改心させるのは難しいですよね、なかなか、本当に。反省しない人たちが多いですね。本当に反省しない。まったく反省しないですね、うーん。

とにかく、日本もその流れですので、〝宗教消滅《しょうめつ》の流れ〟に入っていますから、完全に。これは、中国に取り込《こ》まれているんだと、掃除機《そうじき》みたいに吸い込まれているんだということを、もうちょっと知る必要がある。

それから、向こうは、「尖閣は中国の核心的《かくしん》利益」、あるいは「沖縄は、琉球《りゅうきゅう》は、中国の核心的利益」とか平気で言うわけですから。ねえ？

例えば、あなたがたで「隣《となり》の土地はうちのものだ」と言っているようなものですから、普通《ふつう》は紛争《ふんそう》が起きますけれども、そういうことを平気で言い続ける国ですから。

まあ、日本自体の改革が必要ですが、これはちょっと、〝荒《あら》ぶる神〟も少し必要かもしれません。

質問者Ａ　荒ぶる神。

ヤイドロン　古代のものはあんまり単純すぎて、私たちもそんなに美しいとは思っていないんだけれども。「神の言うことをきけばほめて、言うことをきかなければ罰《ばっ》する」という神というのは、あまり単純すぎて、あまり好きではないんだけれども、そのくらいやらないと分からないぐらいのレベルなのかなと。

これは動物をしつけるのと変わらないレベルですので。「お手」をすればご飯《はん》を食べさせてくれる、「お座《すわ》り」とか「お手」をしなければ餌《えさ》がないみたいな感じのしつけ方なので、ちょっと悲しいですね。

質問者A　ちなみに、ヤイドロン様は、その〝荒ぶる神〟のお一人と考えてよろしいのでしょうか。

ヤイドロン　いやいや、私はそんなことはないですけれども。

質問者A　そんなことはないですか。

ヤイドロン　「必要があれば、それは、目的遂行《すいこう》のためのことはします」ということで。まあ、私一人でも、核兵器の弾薬庫《だんやくこ》等を全部壊《こわ》していくぐらいの力はありますけれどもね。

質問者A　すべてを。

ヤイドロン　うん。たいてい、位置は全部つかんでいる。数もつかんでいるので、やることはできますが、どういうかたちでそれをやるかというところは別の問題なので。

世界制覇《せいは》を目指す中国とどう戦うか

質問者B　一九四九年に中華《ちゅうか》人民共和国が建国され、二〇四九年が建国百周年となります。それまでに、中国は世界制覇《せいは》を目指し、今、中露《ちゅうろ》一体となって、また、闇宇宙からも協力を受けつつ、覇権を広げているところです。

少しお答えしづらい質問になるかもしれませんが、現時点から二〇四九年、さらに二〇五〇年代を見据《みす》えて、現時点でのヤイドロン様の形勢判断をお聞かせいただけますでしょうか。また、二〇五〇年に向けて、今後どういう未来をヤイドロン様たちが構想されているのか、もし明かせるところがございましたら、お話しいただけると幸いです。

ヤイドロン　まあ、今のままだったら、要するに、地球人口が半分になるかもしれない動きをしています、地球はね。

中国系とイスラム系を合わせていけば、あるいは中国の僕《しもべ》になる人たちを合わせていけば、だいたい四十億人ぐらいにはなっていくし、アメリカ、ヨーロッパ、その他、民主主義を奉《ほう》じている国も足し上げていけば四十億人ぐらいで。だから、「四十億 対 四十億で、どっちがどっちを消すか」みたいな戦いになるかもしれません。

ただ、正直に言えば、エル・カンターレが出ているんだから、中国は崩壊させるつもりではおります、うん。

質問者B　これまで、中国国内におきましては情報統制がなされ、ほとんど悪いニュースが出てきませんでしたが、昨年あたりから、大洪水、大雨、食料危機等の報道が出てきています。現在、中国国内でどういったことが起きているか、お教えいただけますでしょうか。

ヤイドロン　インフレは起きているし、食料不足はかなり深刻ですね。

それから、いちおう、先進国の首を絞《し》めるつもりで、CO_2排出削減《はいしゅつさくげん》のほうを、一定の支持をしているようには見せているけれども、現実にはあんまりできていませんね。だから、「いや、やっぱり食べていくほうが先だ」ということですよね。工業のほうが止まってしまったらやっていけませんからね。「先進国は二〇五〇年までに達成していただいて、中国は二〇六〇年までに」とか言って、ずらしながら遅《おく》らせていくつもりで。統計局だけが〝嘘〟の発表をし続ければいいわけでしょうから、そういうつもりでいるんだろうとは思いますけれども。

いやあ、まあ、残念でしたね。もし、幸福の科学の革命が、宗教的にも政治的にももう一段の成功を収めておれば、だいぶ日本も変わっていて、発信力がもっと行くはずですけれども、残念ながら、まだ世界の趨勢《すうせい》に影響を与《あた》えるところまでは行っていませんので。

まあ、極《きわ》めて残念ですが、あとは、望むべきことではないかもしらんが、日本のマスコミが潰《つぶ》れる時期が近づいてはいるので。新聞社もかなり潰れるし、テレビ局も危ないところもございますので、このへんのところですよね。

あと、「銀行システム」が、世界的にも言えることですけれども、これが生き残れるかどうかの問題はあります。

ミャンマーの問題なんかだって、「お金の問題」のところとの戦いをやっていますね、「軍事力」と。銀行に金がない、下ろせない、送れないという問題もあるし。

まあ、一つの戦い方は、中国が牛と競争するカエルみたいになって、世界制覇の夢を目論《もくろ》んでいるけれども、だいたい、兵法的に言えば、兵線が伸び切ったら、その半《なか》ばを攻撃《こうげき》すればバラバラになってしまうというのがあれですから。習近平《しゅうきんぺい》が、世界制覇の夢で、兵線を伸ばし切って伸ばし切って、いろんな国に「援助《えんじょ》だ、軍事だ」とやって、いっぱいいっぱいまで伸ばしたときに崩壊を起こせば、それは崩《くず》れるはずです。

統計で嘘をついても、現実はついてこない。だって、中国内の国民で、おそらく今、十分に食べていけていない人口が十四億人中、四億人ぐらいはいると思うんですよ。国内で四億人ぐらいは十分に食べていけない人たちがいるのに、アフリカとか他の東南アジアとか、あるいはイスラムの国たちの支援が続けられるかどうかということです。こういうこともありますし。

それから、もう一つ、スパイ活動等で、国家公務員が生産性を生まない活動をやっているわけですから。個人個人の情報から行動の監視《かんし》まで、全部やっているわけですから。これは、まったく生産性を生まない活動ですので。かつてのソ連《れん》邦《ぽう》の友好国、例えば、東ドイツみたいな国がやっていたことですよね。監視をずっとして、スパイがいないか、西側に情報を流していないかとかやっていましたが、この活動部分については何の生産性もないです。だから、経済が悪くなって、結局、崩壊しましたよね。

だから、いちばん平和的な方法としては、「中国経済の崩壊」を一つは考えています。欲がありますから、欲があるのを、いっぱいいっぱい欲をかかせて、兵線が伸び切ったところで中国経済の崩壊を起こすというのが一つです。

今年はおそらく、また、副主席、首相のあたりのところは、中国で人事異動が起きるはずです。去年、李克強《りこくきょう》首相が、「中国の内六億人ぐらいは、月給一万七千円ぐらいで生活しているんだ」と、決して豊かじゃないということを言っちゃったので、彼はクビを切られることに、もう決まりました。本当のことを言った。首相としてね、知らせなきゃいけないから。「嘘の報告」ばっかりで、みんなが発展していると思っていたら大変な目に遭《あ》うので。

そういう、一万七千円の月給で家族が生活している人たちが六億人いるということです。これに、三千万人もが被災《ひさい》したような大洪水が来たり、イナゴの大群が来たりして穀物を荒《あ》らしたりしたら、どういうことが起きているか。豚肉《ぶたにく》が値上がりして、それがインフレを起こしている。「これが経済的発展だ」として計算に加える。インフレまで経済発展に加える。

こういうことをやっているわけですから、どこかでそれは来ると思っていますけれども、この経済から攻《せ》める方法は一つにはあります。

ただ、何て言うか、アメリカが国内問題で、トランプさんをとにかく失脚《しっきゃく》させたくて、ロシア疑惑《ぎわく》のほうで絡《から》め取ってしまえば……、目をそっちに向けてね。バイデンが過去、資金供与《きょうよ》を中国から受けていますから、親族経由で。（資金供与を）受けている部分のほうに目を向かせないようにしようとしているから、ここがバイデンで暴けない可能性が高い。中国のところを蓋《ふた》を開《あ》ければ、自分のところまで来るから。

これが、「よくない」と言っていた分だけれども、マスコミのほうまで懐柔《かいじゅう》されていましたから。

まあ、これについては、〝ユダヤ資本の逆襲《ぎゃくしゅう》〟が起きることを祈《いの》るしかないですね。ユダヤ資本のほうが、チャイナ資本のほうに逆襲をかけて、アメリカのほうの経済の主導権を握《にぎ》り返すことを願うしかないですね。

マスコミ系統も、そうとう中国資本のが入ってきていますので。ロビー活動もやっているし、そうとう戦略的にやっていますので。うーん、まあ、大変な相手ですね。

「統一国家」に対する中国と日本の考え方の違《ちが》い

質問者A　本当にヤイドロン様のお話は腑《ふ》に落ちます。歴史の法則としても、大きくなりすぎた国は必ず滅《ほろ》びていくということで、例えば、始皇帝《しこうてい》の秦《しん》も、長くは続きませんでした。

このあたりについて、経済のほかにも、この大きさに伴《ともな》う弱点、強さに伴う弱点が何かありますでしょうか。

ヤイドロン　中国は、日本人が考えるのとはちょっと違うところもあって、「統一王朝をつくる」というのが、何か夢みたいなところがあるんですよ。だから、大きな国で人口も大きい、これを全部牛耳《ぎゅうじ》って動かすというのは夢は夢で、彼らの理想であるところもあって。

失敗すれば、すぐに六カ国ぐらいに分断されて、戦争が延々と続くような時代が続くし、外国から攻めてくるというのが過去の歴史なので。そういう時代が嫌《いや》だから、強国として一国でまとまりたいという願いがあって、彼らにとってはそれが「善」なんですよ。

日本の場合は、そういう統一国家というのも過去にはあったけれども、戦争が起きると厳しいですから。信長《のぶなが》の統一だって、統一前に殺されていますけれどもね。日本のような国でも戦争になりますから。

家康《いえやす》の時代だって、統一はしていたけれども、今の中国によく似た体制なので、まったく発展しない経済が二百六十年以上続いたということですから、今のＧＤＰゼロ成長が三百年続く未来を考えればいいですよ。

質問者Ａ　徳川《とくがわ》幕府は、他国の侵略《しんりゃく》には極めてもろかったのかもしれませんけれども。

ヤイドロン　ただ、海がね、海が護ってくれたところはあったでしょうね。

外国との（交易を）入れたら、宣教師を入れてきて、それで軍隊が来て占領するというパターンを知っていたんですよね。長崎を通じて、それは知っていたから、それに対しては警戒《けいかい》していて。維新《いしん》の志士たちが動いたのも、「植民地にされるんじゃないか」ということで動いたので。
その時代に動いた人たちが、現代にまったく無感動で動かないのは、ちょっと残念なことですよね。

なぜ、地獄《じごく》に堕《お》ちた魂《たましい》でも消滅《しょうめつ》はさせないのか

質問者Ａ　話はまったく変わるのですけれども、アーリマンは習近平を通じて地球に介入《かいにゅう》しているわけですが、そういった介入は許されるのでしょうか。宇宙協定では、やはり許されないことなのではないのかと思うのですが。

ヤイドロン　いや、宇宙のほかの星でも、やっぱり天国・地獄《じごく》はできてきているので。

だから、もう一つの方法は、「地獄に堕《お》ちた魂《たましい》は消滅《しょうめつ》する」という法則をつくれば、そういうものはできないんですけれども、「魂の自由性」というのを与えたために、善も悪も選び取れるようになっているんですよ。

だから、悪の量が多くなったら、地獄という所に行く。そこで、一つの刑務所《けいむしょ》でもあるし、収容所でもあるし、病院でもあるわけだけれども、彼らは彼らで長くいるうちに、いろんな掟《おきて》をつくり、いろんな勢力をつくってくるので。

まあ、エル・カンターレが、地獄に堕ちた人たちの魂に消滅をかけることを決断するなら、それでできるかもしれないけれども。たいていの人は、でも、改心すれば上がってこられる可能性があるし、もうその余地がない場合は、要するに、文明が全部滅びるところまで、過去、行っているので。

アトランティスが末期に悪魔《あくま》に支配されたときは、アトランティス自体が沈《しず》んでいますよね。それから、ムーも同じことが起きているので。そして、心正しい人たちを一部逃《のが》して、新しい文明をつくらせるというのを、過去にやってきている。

そういう方向で対応しているので、地上のほうを操作することで対応していって、霊界のほうの操作ではやっていないことなんですよね。

でも、これは、ある意味での、人間が神と同じような創造作用を持っていることの保証でもあるので。

一定の判断しかできないようにインプットされているロボットみたいな感じであれば、それはできないんですが、幾《いく》つかあるというか、最低でも二つ以上ある価値観を選択《せんたく》する自由を与えられている。これによって智慧《ちえ》が磨《みが》かれる面があるんです。だから、完全には崩壊されていないということですよね。

あとは、〝悪の有効利用〟も一部あることはあるということです。

何らかの変革を求めるときには悪が生じてくることはあるので、一定の間、それを認めなきゃいけないことはあるということです。

だから、悪をもって善をさらに純化する面もあるので。悪なるものが現れてこないと、「善悪」が分からなくなってくるんですよ。そういうのがあるから、短期間にそういう悪なるものが現れてくることは、一定のアローワンス（許容範囲《はんい》）は認められているということですよね。

だから、今、逆にいろんな情報発信をすることによって、彼らが……、要するに悪質宇宙人と、それから、その僕《しもべ》たち、地球の僕たちが考えていることが悪なるものであることを露見するように仕向けている面もあることはある。

軍隊は悪と戦い、国が自立するために必要なもの

ヤイドロン　タリバンは、これはイスラム教の信仰で原理主義ですよね。で、タリバンという言葉は、「神学校」「神の学校」という意味ですから、彼らにとって

は〝ＨＳＵ（ハッピー・サイエンス・ユニバーシティ）〟なんですよ。それが原理主義を取っている。

原理主義を取ると……。ムハンマドは武力革命で、要するに、メッカの三百六十もあった神を全部滅ぼして一神教にしてしまって、戦争で勝つことで国家宗教を打ち立てた。これが原点で、これがあるから、毛沢東《もうたくとう》的な「先軍《せんぐん》政治」と親和性が非常にあるんですよ。

だから、「普通に人を殺すのは悪いことかもしれないけれども、外国勢力を追い払《はら》うために戦うというのは、これは正義だ」と、彼らも思っているわけです。だから、そのついでに国民も殺してしまう。ただ、「国外に脱出《だっしゅつ》したい」と焦《あせ》っている人たち、空港とかいろんな所に殺到《さっとう》している人たちは、外国の人たちから見ればすごく気の毒な方々であるけれども、タリバンのほうから見れば、「神に対して反省しないで、そのままの、〝悪魔に憑《つ》かれたまま〟で生き延びようとしているやつらは、引きずり戻《もど》してでも殺さなきゃいけない」と、「罰《ばち》を与えなきゃいけない」と思っているということですよね。

だけど、テレビとかで観る人たちにとっては、「ある国を、そこの国民が捨てて逃げたい。亡命したい」という国は、簡単な指標ですが〝悪い国〟なのです。その、「どこかの国に亡命したい」という、「亡命先として選びたい国」というのは、これは〝いい国〟なのです。だから、これは、もう非常に単純な〝リトマス試験紙〟ですけれども。

だけどね、彼らが逃げようとしているのは、「自分らが悪い国だからだ」とは思っていない、まあ、ここですよね。だから、国際的な制裁とか非難とかが必要だということになりますわね。

アウン・サン・スー・チーさんが守護霊霊言《しゅごれいれいげん》を出して、自衛隊に「助けに来てください」と言ったって（『ミャンマーに平和は来るか――アウン・サン・スー・

チー守護霊、ミン・アウン・フライン将軍守護霊、釈尊《しゃくそん》の霊言――』〔幸福の科学出版刊〕参照）、自衛隊はミャンマーにまで介入する気はない。日本人の会社がいっぱいあって、彼らが何の仕打ちを受けるか分からないから、できやしない。まあ、こんなところですよね。

だから、軍事もね、「全部が悪」というわけでもなくて、本当に悪と戦うためには必要で、警察をなくせば、それはマフィアの支配する世界になるでしょうからね。そういう意味で、そうなってはいかんでしょう。暴力団よりは強くないと困るからね。軍隊だって、過去、それは失敗したことがあったとしても、やっぱり、国が自立していくためには必要なものはあるわけです。

このへんの肯定《こうてい》感がなく、「自衛隊が、もう災害救助しかやっていないっていうような感じにしか見えない。だから、肯定する」みたいな感じであれば、それは国を護れる状態にはならないでしょうね。

だから、幸福の科学からはやや過激な意見も出ているとは思うんだけれども、この考え方をちょっと曲げるために少し言う必要があるので、言っているところもあるということですね。

最後はね、やりたくはないんだけれども、レーガン大統領が言っていたように、「宇宙からの敵が来るということで、地球で戦争をやめて和解する」みたいなことも考えないわけではないけど、私たちは、〝永遠の悪者〟になるから、あんまりやりたくはないんですけれどもね、うーん。

6 「イスラエル」対「イスラム教」はどうなるのか

ユダヤの神「ヤハウェ」は、どう理解すればよい？

質問者E　ちょっと話が変わるんですけれども、中東地域には「イスラエル」という国があります。近年の中東地域で言えば、「イランとイスラエルの対立」もけっこうあったと思うのですが、「ヤハウェ」という神について、やはり、まだあまり分かっていない面があるのかなと思います。

そこで、「宗教的な目で見たときに、ヤハウェという神について、どういう理解をしておくべきなのか」という点に関して何かございましたら、お教えいただければと思います。

ヤイドロン　ヤハウェとして出ている部分は、〝民族神的なもの〟だと思います。イスラエルの民族の利害を代表して、「自分の言うことをきけばほめ称《たた》え、言うことをきかなければ罰《ばっ》する」というような感じですから、奴隷《どれい》出身のユダヤ人にとっては、ちょっとその主人に似つかわしい性格は持っておりますよね。

ただ、このユダヤ人たちが、人類の知的遺産なるものも、だいぶ歴史に持っていることは事実であるので、ユダヤ教の部分が全部消えれば、キリスト教もすごく底の浅いものになってしまう可能性があるので。過去のそうした宗教が下敷《したじ》きにあって、キリスト教は成り立っているところがあるし、イエス自身は「ユダヤ教の教師の一人だ」と思っていたところもあるぐらいなので。

ただ、その天上界《てんじょうかい》の神の姿は見えませんからね。「ヤハウェ」と名乗る者は数多くて、もうこれも隠語《いんご》ですので、それが特定の誰《だれ》であるのかが分からない。まあ、日本の宗教でもそういうところはございますけれどもね。だから、「その名を使って出ている者は一人かどうか」ということは、疑うべきでありましょう。

イスラエルにもその「先祖神《しん》」がいるはずですから、それがだいぶ言っているのと、そうでない「地球神的な要素を持った者」が言っている部分と、それから、私たちみたいな「宇宙から来ている者」が言っている部分も入っているとは思いますから。まあ、それを仕分けるだけの頭脳はなかったのではないかなと思います。

ユダヤ人の代表「モーセ」は、ヤイドロンからどう見える？

質問者E　そうした「宇宙的な存在の方の声として、ユダヤ民族に降ろされていた教え」といいますか、「どうするべきかについて、宇宙的視点から言われていた内容」というものがもしありましたら、お教えください。

ヤイドロン　民族のもとにあるもの、その根っこに、いろんな星から来ている、移住してきた集団があることも多いのです。そういう意味では、ちょっとずつ考えが違《ちが》う場合もあることはあるので、ユダヤの人たちにはそのルーツがあることはあるのだと思うのです。まあ、長く続けていれば、ほかの星からの人も入ってきてはおりますけれどもね。

まあ、モーセに代表されておりますのでね。彼の性格は、私なんかから見ると、ちょっと、うーん……、モーセ自体は、みんなが思ってるような強い人ではないんですよ。実際は、もうちょっと優柔不断《ゆうじゅうふだん》で回りくどい方で、迂回《うかい》するタイプの思考をする方です。

ですから、砂漠《さばく》の地で何十年も放浪《ほうろう》していますよね。出《しゅつ》エジプトの際の、本当に神が紅海《こうかい》を割ってまで逃《に》がしたほどの奇跡《きせき》を起こした人なら、すぐ真《ま》っ直《ちょく》にカナンの地を取って国を建てたでしょうから。〝それから何十年もさまよう〟というのは、ちょっとおかしすぎるわね。

だから、モーセ自体は、やっぱりそれだけ、何て言うか、果断な人ではなかったので。どちらかといえば、はっきり言えば、現代的に言うなら、〝マゾッ気《け》のある人〟だということですね。

最近では、南アフリカのマンデラなんかも（モーセの魂《たましい》のきょうだいと）言われていますけれども、「二十七年間も牢屋《ろうや》のなかで過ごすような九次元霊《れい》（『ネルソン・マンデラ ラスト・メッセージ』参照）というのは、あってもいいのか」という問題もあるわね。弱すぎる。弱すぎるし、無駄《むだ》すぎるところもありましたよね。

『ネルソン・マンデラ ラスト・メッセージ』（幸福の科学出版刊）

アメリカ以外の国には〝全勝〟し、インドも独立させた当時の日本

ヤイドロン　まあ、インドもそうですけれどもね。インドのガンジー等も、「無《む》抵抗《ていこう》主義」というようなので回りくどいことをやって、イギリスからの独立は果たしましたけれども、ガンジーの思想だけで独立はできなかったはずなので。

実際は、「日本がイギリスを打ち負かした」というのは、すごく大きかったと思いますよ。民族差別というか、人種差別による、何て言うか、〝劣勢《れっせい》遺伝子〟意識は大きかったですから。やっぱり、日本があって、戦後のいろんな独立は起きていますから。

あの当時のイギリスを負かした。フランスも負かした。その前の第一次大戦でドイツにも勝っている。それから、ロシアにも勝っている。だから、アメリカ以外の白人の国には全部勝っていますので。これについては自己卑下《ひげ》する方も多い

とは思いますが、アメリカ以外の国には全部勝っているということです。

中国は二回、日本に負けているんですから。大国で、「清国《しんこく》」といわれた、日清戦争の清国でGDPは当時世界一なのです。だから、みんな「眠《ねむ》れる獅子《しし》」と呼んでいたはずです。今のアメリカみたいなものだと思っていたのが、日本にあっけなくやられてしまったという、ちょっと後《おく》れがかなりありましたね。

その後も一生懸命《いっしょうけんめい》、カンフーや少林寺で戦おうとする映画ばかりつくられていますように、近代性がなかったですよね。それが唯物論《ゆいぶつろん》になって、それに専念できるようになってきたというようなところはあるのかとは思いますがね。

「イスラエル」対「イスラム教」は十年以内に結論が出る

ヤイドロン　まあ、文明実験はいろいろと複雑に絡《から》み合っているので、それぞれの民族を護《まも》る神もいれば、いろいろと渡《わた》り歩いている神もいるので。神というか、霊的指導者ですね。その「世界計画」自体は複雑に絡んでいますので、だいたい日本の国会ぐらいの五百人、うーん……、まあ、もうちょっといるかもしれないけれども、だいたい五百から千人ぐらいの人たちの会合で、いろいろと歴史は書かれているところが多いのです。

まあ、イスラエルとイスラム教をどうするかのところは、いや、最後はね、この優《やさ》しい顔をしている大川隆法が決めますから。どちらかが滅《ほろ》びる。うん、これは、私たちが断を下せるものではないので。エル・カンターレの決断になります、最後は。

だから、まだ猶予《ゆうよ》期間は……、二十年ないかな、もう。二十年はないかもしれないな、うん。この十年以内には、結論は出ると思う。

質問者E　トス神のお考えのなかでも、「イスラエルは、そうは言っても、やはり、中東地域における民主主義を体現した国であるということで、そちらの世界観が広がっていくのも一つなのではないか」というようなお話もあったのですけれども(『イエス　ヤイドロン　トス神の霊言《れいげん》』参照)。

一方、「ヤハウェ」という神に関しては、「妬《ねた》む神」と言われたり、「民族神的な要素が強いのではないか」とか言われたり、いろいろと霊査《れいさ》をしても、なかなか実体が分からないところがあったと思います。イスラム教が信仰《しんこう》する「アッラーのほうが尊い」とか、そういうものではなく、「ヤハウェという存在のなかにもいろいろな声が入っており、そのなかにも、いちおう世界神に通じる者の声も入っていた」というふうに捉《とら》えておいてよろしいのでしょうか。

ヤイドロン　いや、日本なら天狗《てんぐ》や妖怪《ようかい》に当たるようなものも神としてはいるわ

『イエス　ヤイドロン　トス神の霊言』
(幸福の科学出版刊)

けですから、向こうにもね。

「ムハンマドを使徒として使うのは人材難」と見るヤイドロン

ヤイドロン　それから、「イスラム教がアッラーという神で一元支配されている」と思ったら間違いで、アッラーというのはそれは〝建前〟ですから、そのなかにはいろんなものがやっぱり入っているわけです。まあ、祖先霊が多いことは多いですけれども。

もう一つは、「ジン」という言葉で表される砂漠地帯の悪霊《あくりょう》ですけれどもね、これの正体が分からない。こちらもアッラーと同じで、悪霊《あくれい》・悪霊《あくりょう》の〝一元管理〟で、今はディズニーの「アラジンの魔法《まほう》のランプ」の巨人《きょじん》がジンということになっていますけれども、これも魔法使いの面も持っている巨人なので、ある意味でのオーディン神の時代の〝ロキ性〟に当たるものが、このジンのなかにはあるんです。

だから、アラビア半島中心にも、「善悪」と、もう一つ、「人を惑《まど》わすもの」と両方あるし、「魔法の世界」はあることはあるので、これをどう捉えているかということは、もう一つあるでしょうね。

だから、全部ジンで表されるから、「誰がジンなのか」がこれまた分からないのです。アッラーも、「誰がアッラーと言っているか」が分からない。少なくとも、幸福の科学の霊査で、「『コーラン』ができるときには、最低でも四十人は霊《れい》示《じ》を降ろしている」というのは出ていますよね（『君よ、涙《なみだ》の谷を渡れ。』参照）。

だけど、ムハンマド自体が積極的な霊能力を持っていなかったので。それと、「識字能力がなかった。字が読めなかった」ということです。「読めず書けず。字が

『君よ、涙の谷を渡れ。』
（宗教法人幸福の科学刊）

読めないで書けない人に霊示を送った」ということがどういうことを意味するか、考えてみれば分かると思いますが、それは正確な判定ができているとは思えないということですよね。だから、第三者の意見を聞きながら書き綴《つづ》られているものが、そうとう入っているということですよね。

やっぱり、ちょっと、そういう「字が書けず読めず」という人をアッラーの使徒として、神の使徒として、ただ一人の使徒にして使うというのは人材難ですよね、はっきり言って。これは、かなり厳しい人材難ですよ、うん。

ヤイドロンが見る「イスラム原理主義の問題点」

ヤイドロン　だから、それでできた宗教が千四百年、同じ行動パターンを原理主義で守ろうとしたら、現代では、それはぶつかりが起きるのは当たり前ですよね。日本で「千四百年前」といったら、聖徳太子《しょうとくたいし》の前ぐらい、聖徳太子からその前に当たるぐらい、飛鳥《あすか》・白鳳《はくほう》文化の時代ですから、「その当時のを、現在にそのまま守れ」と言われたら、それは合わないことは多いでしょうね。

例えば「税金を租《そ》・庸《よう》・調《ちょう》で取れ」とか言われても、「昆布《こんぶ》で納める」とか、「布で納める」とか言われても、できないでしょう。だから、経済原理とも関係するけれども、原理主義というのはそういうところがありますので。

ちょっと、イスラム教でもトルコみたいに西洋化している部分のところと、それから、原理主義で「千四百年前に返れ」という運動をやっているのとがあって、その「千四百年前に返れ」という運動をやっている人たちは、女性の人権を無視して学校にもやらないし、それから、愛人風に奥《おく》さんをいっぱいはべらせているところもありますよね。

それで、人権論でいけば、ムハンマドだって責められるわけですから。ハディージャが……、十五歳《さい》年上の最初の妻が六十代に亡《な》くなったあとにね、六歳の女性と婚約《こんやく》して九歳で夫婦《ふうふ》生活に入っているんですから、現代だったら、これは幼女をかどわかした罪により犯罪でしょう。だけど、それは原理主義だったら、それはいいことになりますから。

日本でもありますよ。日本でも、「光源氏《ひかるげんじ》が、幼女から育てて、ほかの男がつかないようにずっと養育して育て上げる。自分の好みの女性に育て上げる」というのはありますから、男にはそういう本能はあります。ただ、それは、「女性の権利の問題」に関して言えば、そうとう問題はあると思いますね。

7　今、幸福の科学に期待すること

必要な知識をできるだけ広め、強い意見を発信し続けよ

質問者A　では、そろそろお時間となりましたが……。

ヤイドロン　（質問者Cに）よろしいんですか。あなたは何か……。

質問者C　では最後に、「私たちにできること」であるとか、「地球の私たちに、今、期待すること」が少しでもあれば、メッセージを頂けたらなと思います。

ヤイドロン　人がついてくるかどうかは分かりませんが、必要なことをまずは知っていれば、人は行動できることはありますから、やっぱり、「必要な知識をできるだけ広める」ということは大事です。まあ、幸福の科学の影響力《えいきょうりょく》は、まだ及《およ》んでないところが残念なところですね。

うーん……、まあ、いろんな壁《かべ》はあると思いますけれども、内部的な塊《かたまり》になって内側ばっかりいじっているようになっているのなら、それをもうちょっと外向きに変えなければ駄目《だめ》ですね。

国際分野でも世界に教えが広がっているように言いつつも、実際は、すごく少ない賛同者のところを押《お》さえているだけで満足しているとは思うので、もう一段の、何て言うかな、企業《きぎょう》でさえ発展するんですから、宗教でそれ以上の熱意を、熱量を持った発展の仕方をしなければいけないでしょう。

でも、〝強い意見〟が日本から出るということはめったにないことですから、強い意見を発信し続けるということは、大事なことなのではないでしょうか。

今は日本で、例えば「香港《ホンコン》、台湾《たいわん》を救え」と言える人は、ほとんどいないのではないでしょうかね。あるいは、「ミャンマーをちゃんと軍事クーデターから救え」と、「そちらのほうが悪であって、民主的な国家に戻《もど》せ」ということを言う。「裏からは中国がついて悪さをしている」と。「アフガンだって、中国がついて悪さをしている」と。「タリバンは嘘をついている」と。また、「悪い国家が出来上がるのは避《さ》けなければ、一帯一路《いったいいちろ》をつなぐことだけをやらされようとしている」と。それは、破壊《はかい》させなければいけないのです。

日本から、アメリカのなすべきことをも発信せよ

ヤイドロン　残念だけど、あまりにも日本人に似た、「バイデン」というアメリカ大統領が、歴史の流れをまた変えようとしてしまっているので。われわれが予

想していた、「悪いことになりますよ」と言っている事態が、今起きているので、アメリカ人にも自覚を促《うなが》さなければならないということですよね。アメリカのなすべきことというのを、これは日本から発信しなきゃいけなくなってきているということですよね。

そういうふうに、ポワーッとして「和を以《もっ》て貴《とうと》しとなす」は、日本にとってはいいことなのかもしらんけれども、許されないこともあるということですよね。

世界経済については、たぶん今後も悪いでしょう。悪いから、そのなかをどう舵取《かじと》りするかには、厳しいところはありますけれどもね。

幸福の科学をもう少し間接的に応援《おうえん》してくれる勢力を増やさないと、ちょっと「ユダヤの選民思想」みたいになって、「自分たちだけは選ばれた者」みたいな感じで小さくなっていくと、よくないのではないかなとは思いますね。もうちょっとメジャーになる必要はあると思います。

質問者C　ありがとうございます。

ヤイドロン　はい、はい。

大川隆法　（手を一回叩《たた》く）はい。では以上です。けっこう長くなってしまいましたね。

質問者A　はい。ありがとうございました。

古来、釈迦《しゃか》のように悟《さと》りを開いた人には、人知を超《こ》えた六種の自由自在の能力「六神通《ろくじんずう》」（神足通《じんそくつう》・天眼通《てんげんつう》・天耳通《てんにつう》・他心通《たしんつう》・宿命通《しゅくみょうつう》・漏尽通《ろじんつう》）が備わっているとされる。それは、時空間の壁《かべ》を超え、三世《さんぜ》を自在に見通す最高度の霊的《れいてき》能力である。著者は、六神通を自在に駆使《くし》した、さまざまなリーディングが可能。

本書に収録されたリーディングにおいては、霊言《れいげん》や霊視《れいし》、「タイムスリップ・リーディング（対象者の過去や未来の状況《じょうきょう》を透視《とうし》する）」「リモート・ビューイング（遠隔《えんかく》透視。特定の場所に霊体《れいたい》の一部を飛ばし、その場の状況を視《み》る）」「マインド・リーディング（遠隔地の者も含《ふく》め、対象者の思考や思念《しねん》を読み取る）」「ミューチュアル・カンバセーション（通常は話ができないような、さまざまな存在の思いをも代弁して会話する）」等の能力を使用している。

第2章　緊迫《きんぱく》する台湾《たいわん》情勢とコロナの今後

―― ＵＦＯリーディング65（ヤイドロン）――

二〇二一年十月十一日　収録

幸福の科学　特別説法堂《せっぽうどう》にて

［質問者はＡと表記］

〈リーディング収録の背景〉

本リーディングは、二〇二一年十月十一日、上空に現れたＵＦＯを調べるため、その場で収録されたものである。

1　台湾《たいわん》危機で試《ため》される「日本の覚悟《かくご》」

映画「宇宙の法―エローヒム編―」のヒットが持つ意味

大川隆法　ヤイドロンさんだと思うんですけど、どうでしょうか。ヤイドロンさん。

ヤイドロン　はい、ヤイドロンです。

質問者Ａ　お久しぶりです。

ヤイドロン　はい。今ね、みんな、いっぱい集まって

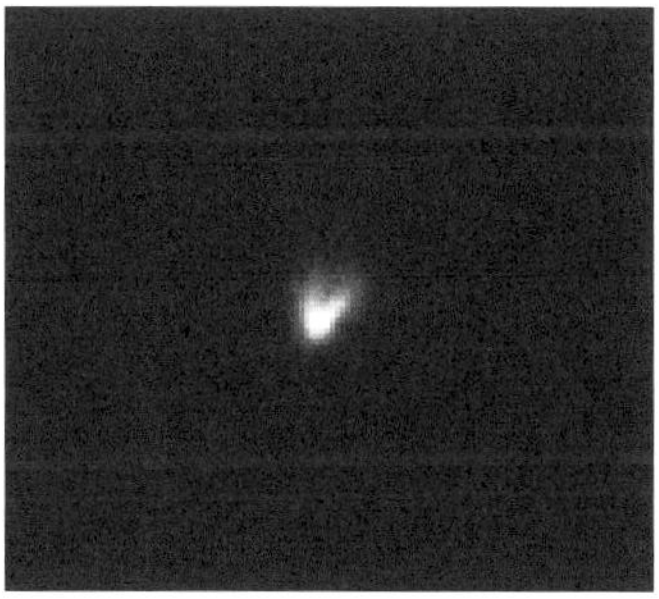

2021年10月11日、上空に現れたヤイドロンのUFOの画像。

きているところですよ。

質問者A　あっ、そうですか。

ヤイドロン　何機か集まってきています。

質問者A　あっ、本当だ。増えている。

ヤイドロン　増えてきていますよ。今、いっぱい集まってきているところです。

質問者A　ありがとうございます。

ヤイドロン　あまり出てきてくれないからね。「夜があったかい」っていうのは珍《めず》らしい。

質問者Ａ　そうですね。

ヤイドロン　ありがたいことですよね。

質問者Ａ　やっぱり、曇《くも》りとか雨が、今年はとても多かった。

ヤイドロン　うん、多いですねえ。天気がね、ちょっとあれだからねえ。

質問者Ａ　はい。

ヤイドロン　（映画）「宇宙の法―エローヒム編―」（製作総指揮・原作 大川隆法、

二〇二一年十月公開）が始まって、第一週で全国で二位、松竹系で一位ってことで、まあ、よかったね、滑《すべ》り出しがよくて。

質問者A　はい、ありがとうございました。

ヤイドロン　われわれも、うれしいです。「きっとヒットしてくれるといいなあ」と、「今回は、もうちょっと会員以外の層まで広がるといいなあ」と思っております。

質問者A　なるほど。そうですね。

ヤイドロン　うん。ちょっと力を入れてみてください。われわれに直接関係があることなので。

質問者A　はい。

ヤイドロン　広がれば、われわれは地球文明に近づけるので、もうちょっと出てきて話ができやすいけど、みんながあれを拒否《きょひ》しちゃったら、「ちょっとまだ無理かな」って。「時期尚早《しょうそう》かな」と。

去年ね、アメリカの大統領が（ＵＦＯを）認めて、今年も認めて、ちょっと門が開《ひら》いてきたからね。「ここで、あの映画を少しヒットさせてほしいな」と思うんですよ。

そうしたら、もっともっと知りたくなってくるでしょう？　まあ、それが私たちの希望ではあるんでね。

別に、君たちが無理なら言わないけれども……。まあ、できれば、希望的に、付き合いたいっていう気持ちがあればね、いろんな情報も教えていきたいなあと思うんだけど、教えることで、君たちが地球文明から遊離《ゆうり》していくようだったら、遠慮《えんりょ》しなきゃいけないんでね。もし、「変人だ。奇人《きじん》だ。おかしい」とか言われたらね。

質問者A　はい。

ヤイドロン　でも、まあ、アメリカがいちおう存在を認めたから、即座《そくざ》に「おかしい」とは言われないとは思うんだけどね。

あれも、ちょっと努力したんだよ。

質問者A　そうですよね。

ヤイドロン　うん。そうするように、あちらのほうも頑張《がんば》ったんだ。プレッシャーをかけたんだ、認めるように。

質問者Ａ　なるほど。

ヤイドロン　うん。日本は外国に弱いからね。

まあ、とりあえずね、私らが今やっている仕事を、ちょっとは理解してほしいなと思っているんだよ。

質問者Ａ　本当に。

ヤイドロン　大きい仕事をやっているからね。

質問者Ａ　はい。

習近平《しゅうきんぺい》が考えている三段階の戦略とは

ヤイドロン　まあ、しばらく間《あいだ》が空《あ》いたから、何か、何でも、あなたのほうで訊《き》きたいことがあったら、答えるし、なければ私のほうから言うけど、何かありますか。

質問者A　でも、八月も、本当はいろいろ……。

ヤイドロン　そうだね。

質問者A　総裁先生のお仕事をお手伝いもしてくださっていたんですけれども。ヤイドロンさんとか、メタトロンさんとか。

ヤイドロン　そうだね。

質問者A　R・A・ゴールさんとか。

ヤイドロン　うん。『メシアの法』にもかかわっているしね。

質問者A　そうですね。『メシアの法』から始まって……。

ヤイドロン　来年のね。

質問者A　今、やっぱり台湾《たいわん》がちょっと……。

『R・A・ゴール 地球の未来を拓く言葉』
（幸福の科学出版刊）

『メタトロンの霊言「危機の時代の光」』
（幸福の科学出版刊）

ヤイドロン　ああ、そうだね。危機が迫《せま》っているね。

質問者A　やっぱり。（台湾には）支部長もいてくださっているし。

ヤイドロン　うん、うん。まあ、過去最大の危機でしょうね。

質問者A　（現地のみなさまは）危機は感じていらっしゃるだろうなあと思うんですが。

ヤイドロン　うーん、うん、うん。過去四十年、「天安門《てんあんもん》」以来、最大の危機だろうね。

質問者Ａ　どんな感じで見ていらっしゃいますか。

ヤイドロン　そうですね。まあ、今、中国の本土は、福建省《ふっけんしょう》で上陸訓練をして、それをテレビで流して、台湾を威嚇《いかく》している。

要するに、習近平《しゅうきんぺい》のいちばんの狙《ねら》いは、戦わずして勝つ「孫子《そんし》の兵法」で、「もう、とても敵《かな》わん」と思って（台湾が）武装解除をして、「一国二制度を受け入れます」と言わせるまで圧力をかけるっていうのが、いちばんの狙いです。もちろん、彼らも被害《ひがい》を出したくないからね。

第二の戦略は、やっぱり、もっともっと軍事的に増強して、「とうてい勝てない」っていうことを、向こうが計算しても、どう考えても勝てないし、外国から援軍《えんぐん》が来ても、その前にもう終わっているだろうと思うような感じの武力格差をつくってしまうっていうのね。

この第二番目は二〇二五年が目標だけど、二〇二五年には、もはや、もうどうにもならないぐらいの格差があるようにしたいっていうのが第二段ね。

第三段は、二〇三〇年までに、アメリカとの完全勢力逆転を狙って、世界の意向なんかまったく無視してでも、やりたいことはやるっていう、どこの国に対してでも。

まあ、「そこまで行きたい」っていうことで、彼の終身制の狙いは、そこまである。

質問者A　なるほど。

ヤイドロン　この三段階だね。

中国は台湾や日本に揺《ゆ》さぶりをかけてくる

ヤイドロン　今は、圧力をかけて、蔡英文《さいえいぶん》がもうやっていられないぐらい、反対運動が国内で起きるように、工作もだいぶしてはいるんですけどね。

質問者Ａ　なるほど。

ヤイドロン　まあ、近いからね、距離《きょり》が。

質問者Ａ　そうですねえ。

ヤイドロン　福建省からもう台湾までは。だから、ミサイルの撃《う》ち合いをしたら、ものすごい被害が両者に出る。

ただ、台湾にも五十万人以上の軍隊がいるからねえ。だから、福建省に軍隊を集めたとしても、まあ、ミサイルを、今、台湾はまた増産中で、長距離ミサイルまでつくっているから。今、「つくれ」って命令を出して、やっているから。「長距離（ミサイル）をつくる」っていうことは、福建省が相手だけじゃなくて、北《ペ》京《キン》まで撃つつもりだろう。

質問者A　なるほど。

ヤイドロン　うん、そういうことだろう？　急がせているからさ。だから、「早く圧力をかけてやりたい」っていうところだけど、世界の世論《せろん》はねえ、やっぱり、香港《ホンコン》があんな状態になって、台湾もそうなるのは、もう見えているじゃない。「一国二制度」なんて嘘八百《うそはっぴゃく》であることは、もう分かっているからね。

質問者A　そうですね。

ヤイドロン　だから、そんな革命、中国革命は間違《まちが》いだっていうことを、ＮＨＫ

も言い出しているからね。革命は、ハンナ・アーレントが言うように、「自由の創設」が目的であって、みんなの自由を奪《うば》うための革命なら、それは弾圧《だんあつ》であって、専制であって、「皇帝《こうてい》制度の復活」だよな。中国にはもう皇帝制度しか事実上はないからね。

質問者Ａ　そうですね。

ヤイドロン　だから、「共産党という名の制度で皇帝制度をつくった」ということだね。まあ、これに対しては、国際世論は、いろいろと圧力をかけてくるだろうとは思うけど。

バイデンの腰《こし》の砕《くだ》け方とかね、そんなのをすごく気にしているし、日本の岸田《きしだ》（首相）がどうかも……。

質問者A　確かに。

ヤイドロン　向こうは様子を見ているから、何か、おそらく、今、（台湾の）防空識別圏《けん》に、もう、一日、多いときには五十何機も入ったりして、圧力をかけているし、おそらく尖閣《せんかく》にもいっぱい出てくると思うので、どこまで覚悟《かくご》があるか、〝揺《ゆ》さぶり〟をまずかけてくると思うんだよね。

質問者A　うーん。

ヤイドロン　これに対して、日本なんか遅《おそ》いからね、リアクションがね。岸田が特にまたリベラル派であるので、本来、世界から核《かく》兵器をなくそうなんて悠長《ゆうちょう》に言っているからさ。北朝鮮《きたちょうせん》が水爆《すいばく》をつくっているのにさ、そんなことを言っている状態なので、（中国は日本を）「恐《おそ》るるに足らず」とは思っているとは思うけど、多少、幾《いく》つかのシグナルは送ってくると思うな。

例えば、尖閣に対する、何か、武力偵察《ていさつ》、威嚇偵察みたいなのもやったり、台湾に対しても、ちょっとだけ、ちょっとだけジャブを打ってくるあたりを、まず見せる可能性はあると思うな。そうしたら国内世論が引っ繰《く》り返るかどうかを、ちょっと見るっていう、まあ、それはあると思う。

だから、今、（映画）「宇宙の法―エローヒム編―」をやって、次、（映画）「愛国女子―紅武士道《くれない》」（製作総指揮・原作　大川隆法、二〇二二年公開予定）をやる予定だけれども、おそらく、緊張状態《きんちょう》は、この年末年始、だいぶ高まってくると思うよ。

北朝鮮《きたちょうせん》や中国のミサイルを阻止《そし》できるか

質問者Ａ　北朝鮮《きたちょうせん》の金正恩《キムジョンウン》に、影武者《かげむしゃ》説も最近出ているんですけど。

ヤイドロン　うん。まあ、「十人以上はいる」っていう話なので、なかなか分かりにくいけど、暗殺を恐れているのは事実だね。

質問者A　なるほど。

ヤイドロン　それから、妹さん（金与正《キムヨジョン》）をだいぶ権力者に仕立て上げてきている。

もう十年やっているからね、あれでもね。

質問者A　そうですね、確かに。

ヤイドロン　いや、本当に原水爆をやって……。

今、日本が防衛できないミサイルを開発しちゃったから。要するに、波型、上がったり下がったりしながら飛んでくるミサイルだったら、日本の迎撃《げいげき》では、あの「ＰＡＣ《パック》－３《スリー》」では落とせないですので、波型でやるし。

今、中国もまた、あれをやっているから。航空母艦《ぼかん》、空母を撃ち抜《ぬ》くミサイルを今つくっているから、これもちょっと難しいところがあるね。

特に、成層圏外まで飛んでから落ちてくるやつは、北朝鮮も持っているかもしれないとも言われているんだけど、中国のほうは確実に持っていると思う。成層圏外まで行って落ちてくるやつは落下速度がすごく速いので、照準が合っておれば、まあ、マッハ二〇の速度で落ちてくるから、これを撃ち落とせるようなミサイルはない。

速い。速すぎる。「速すぎて、撃ち落とせない」っていうのは、まあ、あれだよね。

だから、われわれが阻止《そし》する場合は、それが発射する前に阻止に入りますけど、とりあえず。アメリカもそれほどバカじゃないとは思うので、向こうの通信を傍《ぼう》受《じゅ》しているのと思うので、そうした攻撃《こうげき》の指令が出たら、何か先制攻撃をかけるだろうとは思うけどね。

まあ、バイデンだけで動くわけではないので。承認は要《い》るだろうけれども、軍のほうが動いてはいるから。

今、アフガニスタンで、撤退《てったい》であんなことになって、次、イラクで年内に撤退を言っている。

ただ、撤退だけれども、同じようにアフガンみたいになったら、かっこ悪いのは事実だけれども、あちらが兵を退《ひ》いているのは、実は、「この極東《きょくとう》のほうに戦力を集める」ということが目的なので。

極東は第七艦隊中心だけれども、中東のほうに第五艦隊が行っているのを、今、引き揚《あ》げようとしているので、だから、極東有事に、今、集中しようとしている。

質問者A　なるほど。

ヤイドロン　だから、それをアメリカの単なる弱腰と読んだら、中国の間違いにはなるだろうね。第五艦隊と第七艦隊が協力して当たる態勢。

あと、今、オーストラリアやカナダだって軍艦を送ったことがあるし、それから、イギリスも送っているし、ドイツだって、中国と最大の貿易をやっていたけど、今はちょっと厳しくなってきつつはあるからね。

質問者A　なるほど。

ヤイドロン　だから、まあ、今、TPPで戦っているところだろうけどね。台湾を入れて中国を入れなかったら、まあ、（中国は）ヤクザのように暴《あば》れるだろうね。

「おまえら、この世界の大国を入れないで、国がもつと思っているのか」って感じで、また揺さぶるでしょうね。「それが国際的孤立《こりつ》に向かうか、威嚇に屈《くっ》するか」っていう戦いではあろうと思うね。

2　台湾《たいわん》の「第一弾《だん》」の危機は、いつやって来るか

今後、中国の国内経済はどうなっていくのか

質問者A　いちおう、中国の不動産の大手会社が倒産《とうさん》になりかけている？

ヤイドロン　そうだね。赤字だからね、うん。まあ、大きいよね。三十三兆円の債務《さいむ》って、ちょっと大きめだね。

質問者A　大きいですね。

ヤイドロン　もう、会社としては、もたないね。だけど、まあ、完全な民間では

ないからね。何か、完全な民間ではないので、政府のほうでソフトランディングさせようとはしているようだけど。

このへんが一つ経済的に敗れていこうとしてはいるのと、経済的に、今、国内経済も失速してきて、何か景気が悪くなってきているので、よくしようとは見せようとしているけど、まあ、そうはいかないのではないかっていうところは見えてきている。

あと、ああいう、グーグルやフェイスブック系のものなんかも連動して、国民の監視《かんし》をしていたつもりが、ちょっと、彼らの位置づけがね、今は難しくなってきているので、国家対そうした情報会社の戦いみたいなので……。まあ、彼らは「二股《ふたまた》外交」をやっていたんだけどね。

だけど、腹を決めなきゃいけなくなってきているから。「母国はどこなのか」と。だから、母国がない国際企業《きぎょう》が、母国はどこなのかっていうことを決めなきゃいけないので。

まあ、何が起きるか分からないな。今の時点ではまだはっきりとは言えないけれども、まず私の読みとしては、第一弾《だん》はやっぱり、そうだね。今が十月か。まあ、三月ぐらいまでの間には、〝第一弾の揺《ゆ》さぶり〟はやるだろうとは思っています。

質問者Ａ　中国が？

ヤイドロン　うん。第一弾の揺さぶりをやる。それに対してどの程度のリアクションを台湾《たいわん》がするかを見れば、本気度っていうか、それが分かるし、台湾のリアクションと同時に、他の世界の各国がいったい何を、どのように動こうとするかを、ちょっと試《ため》しに見るだろうね。まあ、勝負は勝負だろうけれども。

習近平《しゅうきんぺい》はもう、「自分がいる間に何とか統一する」と、見栄《みえ》を切っているからねえ。

ちょっと、映画はそういうメッセージ性はあったと思うので、できるだけ多くの人に観《み》ていただきたいなあとは思うから、失敗ではないと思うし。

危機が迫《せま》るなか、今の日本の政治状況《じょうきょう》はどう見えるか

ヤイドロン　さあ、どうしようかね。日本ねえ、日本は遅《おそ》くて、ちょっと困ってはいるんだけれども。次の選挙があるからねえ。選挙があるので、その結果によってまたちょっと感じが変わってくる。選挙によってね。

タカ派の人は……。

大川隆法　あっ、（ＵＦＯが）見えなくなるのかな、もうすぐこれ。

質問者Ａ　まだ画面上は。

大川隆法　いけますか。

質問者A　光っています。

ヤイドロン　タカ派の人たちは、高市《たかいち》さんとか、女性を応援《おうえん》はしていたようだけどね。だけど、やっぱり女性って、また中国がなめてくる可能性もあるからねえ。微妙《びみょう》に難しいところもあるから。

岸田《きしだ》が思ったより、今、安倍《あべ》とか麻生《あそう》とかのあれを受けているから、何て言うか、コントロールを受けて存在してはいるので、そう大きくは変わらない動きはするとは思うんだけど。

とにかく「経済」。ちょっと、コロナが今少し下火《したび》になってきているので、「経済」を復活させるのと同時に、そうした「防衛体制」を強化。またそれから、ちょっと、天変地異も起きてきそうなので、このへんでも危機管理体制ができてくるとは思うけどね。

まあ、試練だね。だから、選挙の洗礼《せんれい》が越《こ》えられるか。そのあと、この台湾危機を越えられるか。いちおう台湾支持のメッセージは出してはいるけど、それは「心情的に支持します」っていうレベルなのか、それ以上なのか、これを知りたいわな。このへん、何らかの探《さぐ》りが入ってくると思う。

あと、潜水艦《せんすいかん》からの発射っていうのは、中国、北朝鮮《きたちょうせん》、それから韓国《かんこく》ともできるようになって、潜水艦からミサイル発射できる体制になっているので、将来的に見て、極東は有事……。それからロシアもやっている。潜水艦からのミサイル発射。四カ国が撃《う》てるようになっていますので、極東有事でちょっと危険だね。

大川隆法　ああ、(UFOが) もう雲に隠《かく》れてしまったかな。

質問者A　いや、まだうっすら光ってはいます。

大川隆法　そうか。まあ、話はできますから。

ヤイドロン　まあ、決然としなきゃいけないところはあるかもねえ。幸福実現党は何ができるかって、もう本当に厳しい厳しい戦いだ。みんなもうあれだろ？　コロナの補償《ほしょう》、お金をばら撒《ま》く話ばっかりしているんでしょ？　そればっかり。

質問者Ａ　まだ唯物《ゆいぶつ》的価値観のなかに。

ヤイドロン　まだそれだけだよな。まだ選挙の目標に中国……、うーん、だから、「台湾防衛」や「香港《ホンコン》問題」とかを選挙で前面に押《お》し出すところまではまだ行かない。

質問者Ａ　まったく行かないでしょうね。

ヤイドロン　でしょうねえ。「そのへんに注力する」とか、そんなぐらいのことだろ？　せいぜいな。まあ、日本の国がねえ、もつかな。

質問者Ａ　そんな感じですよね。

ヤイドロン　「台湾危機」のときには同時に、「尖閣《せんかく》危機」とか「沖縄《おきなわ》危機」も近いと思うよ。やっぱり来ると思う。そんなに時間を置いてやってくれるわけではない。

質問者Ａ　だって、石垣島《いしがきじま》の方々が、尖閣に標識を立てようとして申請《しんせい》しても、政府が却下《きゃっか》するんですから。

ヤイドロン　それはね（苦笑）、「沖縄県石垣市」って掲《かか》げようとして、それを政府が〝拒否《きょひ》する〟っていうのは、それは「領土と認めていない」のと一緒《いっしょ》だ。

質問者A　その代わり、石垣の方々がやらなくても、国がやってくれるのならまだしも。

ヤイドロン　挑発《ちょうはつ》になって、向こうに言いがかりをつけられるのが怖《こわ》いって、まあ、「ヤクザが怖い」っていうことだよな？　基本的には。

質問者A　まあ、そうですね。

ヤイドロン　「暴力団お断り」っていう札《ふだ》を立てたら、ヤクザがやって来るという感じかな、これが〝怖い〟っていうんだろう？

質問者A　「触《さわ》らぬ神に祟《たた》りなし」。

ヤイドロン　公明党も関係しているけどね、たぶん。公明党が関係……。長らく国土交通省は公明党の支配下にあるからね。まあ、私は……。

蔡英文《さいえいぶん》は防衛するつもりでいるし、ミサイルまでつくっているし、日本もゆっくりとではあるが、長距離《ちょうきょり》ミサイルとかもつくってはいるけど、いつまでに何ができるかが分からない国だし、情報管制も敷《し》いてはいるんだけど、ちょっと、はっきりはしないね。

中国は、第一次コロナ戦争の次に何をしてくるか

質問者A　蔡英文さんを応援している宇宙の人たちもいるんでしょうか。

ヤイドロン　それはいるよ、もちろん。

質問者Ａ　もちろん？

ヤイドロン　もちろん。だから、客観的には見ているけど、「護《まも》るときには護ろう」っていう気持ちはある。

だから、何かは起きるかもね。何かは起こそうかなとは思っていますけど、どういうかたちがいちばん幸福かなあと思って。まあ、一回じゃ終わりゃしないから。彼らにとっては、台湾にとっては、元寇《げんこう》みたいなものだからね。これ、一回目のをかわしても、あとは終わりゃしないから。もっともっと、やけになってくるから。

もし（中国が）負け続けると、チベットだとかモンゴルだとかウイグルだとかでも反乱が起きてくるし、国内には実はもう反乱分子がだいぶ出てきているんだよ。ちょっと評判が悪すぎるっていうのを、国際的にバレてしまっているから、今。

質問者A　NHKの番組でも、中国を取り扱《あつか》って、最後、アメリカにいる中国系の方が、「結局、中国はずっと皇帝《こうてい》支配なんだ」と。

ヤイドロン　そうです。そのとおり。

質問者A　「習近平もそれをやろうとしている」と。

ヤイドロン　そうそう。

質問者A　そうおっしゃっていました。中国は、ずっとこういう国ではあるということですよね。

ヤイドロン　ある意味では、だから、逆に言えば、「中国の歴史を見れば、皇帝支配の何が悪い」って言っているわけで。

質問者A　そうですね。

ヤイドロン　「新しい皇帝として選ばれた私たちが、全国統一をして世界併合《へいごう》をやろうとしている」ということだよね。

質問者A　はい。それは変えられるのでしょうか。

ヤイドロン　分からない。それは、昔の「秦《しん》」という国は、できたけど。「チャイナ」っていう国は、昔、ヨーロッパのほうまで支配したときに、今のイスラエル、ユダヤまで支配したことがあるから。

質問者A　ああ、そうか。

ヤイドロン　本当に過去としてはあるんですよ。（中国にとっては）「拡大は善」なんですよ。それから「異民族撃退《げきたい》は善」なんですよ。「支配することは善」なんですよ。そういう考え方を持っているから。要するに、与《あた》える愛なんかはないので。「ゲットする愛は善」なんです。「増えるのは善」。

まあ、そういうことで、今のところ、ちょっと人口も、核《かく》戦争の防波堤《ぼうはてい》になると思って、多めに言っているけどね。少し減り始めているんだけど、本当はね。

第一次コロナ戦争が、今、少し収まりつつあるところなので、次のことを考えようとしていると思いますね、うん。

質問者Ａ　なぜ収まりそうになったのでしょうか。

ヤイドロン　中国が、今、あんまり積極的にもう撒いてないからでしょうね。

質問者Ａ　ああ、そうか。なるほど。

ヤイドロン　今だったら証拠《しょうこ》が挙がるから、やれば。最初のころは、分からないうちは、撒いてましたけど、今は積極的に撒いてないから。

コロナも供給しないとね、やっぱりだんだん死滅《しめつ》していくんですよ。寿命《じゅみょう》そのものは永遠なものではありませんので。猛威《もうい》を振《ふ》るえる時間は短いのでね。だから、最初、獲物《えもの》がいっぱいいるうちは広がるけど、だんだんに……。長くは生きられないものなので。

第二次は、だから、コロナではないもので来るかもしれません。ほかのところを混乱に陥《おとしい》れておいて台湾を取るという方法もあるので、あんまりここに集中させないようにしようとするとは思うんですけどね。

世界各地で、そういうあれはやっていますよ。まあ、「バイデン政権（の樹立）」はいちばんの彼らの成功でしょうけどね。だから、もうとっくに、前のオバマ政権の副大統領時代に、すでにバイデンの息子《むすこ》を中国系の会社の役員にしたりして、がっぽりと抜《ぬ》けられないようにやってましたからね。

だけど、新たな国益問題が出てきたら、アメリカだってそれは黙《だま》っていられないし、バイデンはそれを「濡《ぬ》れ衣《ぎぬ》だ」と言うためにも、逆に戦闘《せんとう》的になることだってないとは言えないので。

ただ、あっという間にいろんなところで軍事政権がいっぱい立ってきたので、危険は危険だね、世界が非常に。だから、アメリカ同時多発であちこちでテロとか戦争が起きたら、やっぱり厳しくはなるわね。

だから、一つは、年末のイラクからの米軍引き揚《あ》げあたりで、またアフガンみたいなことが起きたら、自信を失うわね。

質問者A　「アメリカは」ですね。

ヤイドロン　このへんは一つのチェックポイントだね。

ミャンマーだって、やっているのは分かっているけど、介入《かいにゅう》できないものね。証拠がないからね、明確なね。だけど、絶対、中国が支援しているのは確実だから。

まあ、これは綱引《つなひ》きだけど、欧米《おうべい》やオーストラリア、日本とかが結束できるかどうか。台湾が次のＴＰＰに入って、あるいは北京《ペキン》政府を入れないっていうようなことが本当に可能かどうか。このあたりが一つの判断基準になるね。

質問者A　なるほど。中国は絶対入れてほしくないですけどね。

ヤイドロン　まあ、でも、嫌《きら》われてはいますよ、はっきりとね。

質問者A　だって、そもそも経済に対しての考え方が違《ちが》いますものね。
ああ、（UFOが）もうそろそろ消えてしまうかもしれない。

大川隆法　あれ、消えてしまうかな。

３　今、世界に必要な「正義の観念」

最後は「地球的価値観で何を取るか」

ヤイドロン　ほかに何か訊《き》きたいことはありますか？

質問者Ａ　全然話が変わるかもしれないのですが、習近平《しゅうきんぺい》とか、金正恩《キムジョンウン》とかにも言えると思うんですけど、強くなったり、自分の、人としての力が増えてきたときに……、ヤイドロンさんたちも偉大《いだい》な方だと思うんですが、ただ、創造主を信じて、信仰《しんこう》されているじゃないですか。

ヤイドロン　はい。

質問者A　信仰を失わず、天狗《てんぐ》とか自分教とかにならずに（主に）つながれている、その心は何なのでしょうか？

ヤイドロン　だいぶ違《ちが》う話になってきましたが。それは、〝もっと長い宇宙の話〟をしなければいけないかもしれませんねえ。そんな簡単に、今の明かされている範囲《はんい》ではまだちょっと……。短いので。もうちょっと長くなる話になりますね。

いやあ、もっともっと、私たちは深い絆《きずな》で結ばれている者なので。あなたがたが知っているのは、ここ二、三千年期ですからね、ほとんどがね。もう一万年になったらもう分からないぐらいなので。

質問者A　では、普通《ふつう》の人間にアドバイスをするとしたら。

ヤイドロン　まあ、エル・カンターレは地球神でもあるけど、地球神を超《こ》えている存在であるんですよ。だから、いろんな銀河で、いろんな、こういう正義の戦いや調停にかかわってきている方であるんですよ。そういうときに一緒《いっしょ》にやってきた仲間であるので。

私たちは、最後は、「地球的価値観で何を取るか」ということで、自分たちだけで判断しかねる場合には、エル・カンターレの考えでやります。それが「地球の判断」と見て、やります。

だから、中国が今、ちょっと経済で揺《ゆ》さぶりが一つ来ていますし、国際的孤立《こりつ》での揺さぶりも起きているし、（私たちも）内紛《ないふん》も起きるようには今誘導《ゆうどう》はしているし、台湾《たいわん》を支援《しえん》する国が増えるようにも今やっておりますが。

これが、世界がみんなテレビで映っているなかで、無差別な殺戮《さつりく》をするようなことがあったら、それはいちおうエル・カンターレの許可は取りますけれども、中国に対しては多少のダメージがあることはやらせていただこうとは思っています。

私たちはいろんな武器を持っているので、地球の武器じゃないものでダメージを受けても、何が起きたのかは分からないかたちになると思います。

質問者A　なるほど。でも、その前にちゃんと、(日本人は)自分たちで国を護《まも》っていく気概《きがい》も持たなければいけないし。

ヤイドロン　そうそう。それはやらなきゃいけない。

質問者A　正義の観点を持てる日本人にならなければいけないということですよね。

ヤイドロン　それは繰《く》り返し言っているように、日本自体が、「そうした西側の価値観のなかで戦う」ということをはっきり決めて。だから、台湾とか、ほかのインドとか、オーストラリアとかと一緒になって、「中国的なそんな古代の価値観はもう結構です」という考え方を決められたら、世界はその方向に動くと思います。

日本が簡単に丸め込《こ》まれるような感じだったら、ちょっと危険かな。

質問者Ａ　そうですね。

ヤイドロン　ロシアまで向こうは巻き込もうとしているからね。ロシア、北朝鮮《きたちょうせん》、中国、イラン、もうこれまた、レーガンみたいに、〝悪の枢軸《すうじく》〟とか言わなきゃいけないかもしれないからね。

「中国の改革」以外にも必要な改革とは

ヤイドロン　イスラム教も、ちょっとこれは被害《ひがい》が出るのはしかたがないね。なかは統一してないよね。「イスラム教を護るため」なんて考えは全然なくて、セクト争いばっかりしているから、これはしかたがないかもしれない。ね、お互《たが》いにね、ちょっとひどいものです。

質問者A　そうですね。同じ信仰をしている者同士だけれども、（そのなかでも）戦争がいっぱいありますよね。

ヤイドロン　うん、ちょっと改革が必要ですので。それから、湾岸戦争以降の流れもちょっと、「イスラム改革」も、いちおう考えてはいるので。反動の、昔の王政復古型では、やはりよくないということを知らそうとはしているので。

二つはとうとう起きますので。まあ、これはエル・カンターレ在世中に起きると思います。この中東、「イスラムの改革」と、「中国の改革」とは起きると思います。いや、勝負はつけます。

質問者Ａ　はい。

ヤイドロン　習近平も、そうは言ったって、二〇三〇年までやれたらそうとうなものですけれども、まあ、そう簡単にはもたないかもしれませんね。

そうは言ったって、アメリカが「長距離弾道弾《ちょうきょりだんどうだん》を北京《ペキン》に撃《う》ち込む」と言ったら、それは怖《こわ》いでしょう。自分らだけ勝てるとはまだ思っていませんから。向こうのほうが強いですから、はるかに。性能がいいから。

だから、アメリカに、グアムやハワイや沖縄《おきなわ》……、日本の基地からグアム、ハワイ、全部撤退《てったい》させていくように圧力をかけていくのが習近平の戦略なので。まあ、どこかで……。

二〇二四年がその状態なら、トランプさんにもまだチャンスはあるかもしれませんけれどもね。

質問者A　なるほど。

ヤイドロン　私たちは見放しませんので。

質問者A　ありがとうございます。

ヤイドロン　うん。信仰ある国家をいちおう護って、信仰も、今、同時に競争し浄化《じょうか》させようとしていますし、日本の、この救世主の動きはまだ小さく見えても、いずれ、必ず大きなものになっていくと信じています。

質問者Ａ　ありがとうございます。

今回、ヤイドロンはどういうＵＦＯで来たのか？

質問者Ａ　今日は、いちおう「ＵＦＯリーディング」なので。

ヤイドロン　「ＵＦＯリーディング」ですね、ええ。

質問者Ａ　ＵＦＯはどんな形でしょうか？

ヤイドロン　はい。今日はですね、全長七十メートルぐらいの……。

質問者A　大きい。

ヤイドロン　大きいんです。わりあい大きめのＵＦＯに乗って。まあ、中規模ぐらいかなあ。偵察《ていさつ》用だったら二十メートルぐらいでいいんですけれども、七十メートルぐらいで。

今、雲、ちょっと散っているけれども、ほかにも何機か来ています。話《はな》し始めたら急に来ていますね。

（ＵＦＯは）七十メートルぐらいで、ある程度の防衛力を持っているので、もし、突如《とつじょ》、（宇宙人の）バズーカ側とかの邪魔《じゃま》がいろいろ来ても、まあ、戦えるようにはしています（『ＵＦＯリーディング　激化する光と闇《やみ》の戦い』等参照）。

『ＵＦＯリーディング　激化する光と闇の戦い』（幸福の科学出版刊）

質問者A　何人乗りですか？

ヤイドロン　三十人ぐらい、今は乗っていますかね。

質問者A　男女合わせてですか？

ヤイドロン　まあ、女性も五人ぐらい乗っていますけれどもね、うん。

質問者A　なるほど。

ヤイドロン　三十人の戦闘機《せんとうき》って小さく見えるかもしれませんけれども、このくらいで、私たちは国一つぐらい、潰《つぶ》せるぐらいの力はあるんですよ。そのへんはもう科学技術の差ですから。

質問者A　なるほど。

ヤイドロン　強いですよ、本当はね。だから、どこかでね、その折をね、ちょっと狙《ねら》わなきゃいけないので。いいチャンスをね、狙わなきゃいけないので。

4　コロナ後の世界の見通し

中国は次に何をするつもりなのか

ヤイドロン　コロナがね、世界に被害《ひがい》を与《あた》えただけで〝無罪放免《ほうめん》〟になるというのは許せない。

質問者A　まあ、そこですよね。

ヤイドロン　けれども、さらにもっと悪いことをするというのなら、そろそろ処《しょ》罰《ばつ》は必要ですから。

質問者A　あっ、炭疽菌《たんそきん》は、どうなりますか?

ヤイドロン　いや、用意しているとは思います。

質問者A　やはり用意しているんですね。

ヤイドロン　用意していると思います。だから、混乱を起こすための、目標ですね。

質問者A　ああ。やはり、混乱を起こしつつ世界を牛耳《ぎゅうじ》っていくという考えなんですね。

ヤイドロン　そうそう。だから、やっぱり、ヨーロッパとかアメリカ、基本的には狙《ねら》いはそのへんだし、今は、憎《にく》たらしいのはオーストラリアとかですから。このへんあたりを狙っているとは思いますけれども。

質問者A　なるほど。

ヤイドロン　まあ、情報を発信しておいてよかったんじゃないですか。うん、狙っていると思います。

だから、もし、本当に次の軍事侵攻《しんこう》をする場合には、ほかのところを攪乱《かくらん》に陥《おとし》れる必要があるし、日本だってもちろん狙う可能性はあると思いますが、炭疽菌の場合は、コロナウィルスみたいに広がってはいかないので。狙ったところだけが死にますから、うん。そういう感じなので。

質問者A　なるほど。気をつけなければいけないですね。

ヤイドロン　だから、事件としては大きくして騒《さわ》がせるということはありえて。「やっていない」と言いつつやったかもしれないみたいな感じの中途半端《ちゅうとはんぱ》なところが狙い目で、「怖《こわ》がらせる」ということが第一だよね。

質問者A　コロナは、今後どんな感じになると思いますか。まだ広がるのでしょうか?

ヤイドロン　いや、まだ、まだね。まあ、いちおう、世界中が見張ってはいるからねえ、ちょっとだけ難しくはなってきているとは思いますけれども。ただ、まだ持ってはいる。持ってはいるので、別のやり方を今ちょっと考えているところでしょうね。

質問者Ａ　なるほど。

ヤイドロン　うん。だから、例えば、空中散布型とか、そういうもののほうが……。やはり持ち込《こ》みはちょっと難しくはなってきつつあるから、空中散布型とか、そういうのはあるでしょうね。

ただ、あと、冬季オリンピックが来年の二月に北京《ペキン》であるので、いちおうそのへんのメンツもあるから、それとの兼《か》ね合いでどうするかは、今はちょっと考えているところでしょうね。

できたら、そのあたりまでに台湾《たいわん》に降伏《こうふく》してもらいたいところではありましょうから。だから、年内いっぱい圧力はかかるね。

質問者Ａ　平和の祭典をやろうとする国がねえ……。

ヤイドロン　うん、戦争というのは。

質問者Ａ　ウイグルで〝あれ〟（虐殺等《ぎゃくさつ》）していたり、香港《ホンコン》・台湾を脅《おど》していたりして、「何の平和の祭典だ!?」という感じですよね。

ヤイドロン　うん、そうそう。「ジェノサイド・オリンピック」って言われているよね。

質問者Ａ　本当ですね。分かりました。

ヤイドロン　まあ、彼らの野望はそういうところですけれども、こちらはこちらで、いちおう考えなければなりませんので。

ちょっと、幸福の科学の国際本部の実態が伴《ともな》っていないので、残念ながらまだそう十分に諸外国を動かす力がないので。まあ、残念ではあるけれども。だから、日本一国だけでも、ちょっと、その態勢に入らなければいかん。

地上の人間が努力しなければいけないこととは何か

ヤイドロン　ただ、岸田《きしだ》さんみたいに、リベラル派といっても、いちおう、「ミサイル防衛」とか「敵地先制攻撃《こうげき》も検討する」とか、「台湾を支持する」とか、そういうことは言っていますから、まあ、あなたがたの（幸福実現党立党以後の）十二年は無駄《むだ》ではなかったと思う。いずれ、それは認められることにはなる。

質問者A　でも、やはり、総裁先生と、宇宙の方《かた》とか天上界《てんじょうかい》の支援霊《しえんれい》のみなさまのメッセージを伝えていくことが大事ですね。

ヤイドロン　うん。いや、私は、まあ、私だけでなくて私たちは、最終段階にはまた現れて、エル・カンターレのご判断を仰《あお》ぎますので。それが地球の判断と考えて、やるときにはやります。

質問者A　はい。

ヤイドロン　ただ、私たちがやるものは、まあ、かたちは違《ちが》うけれども、〝原爆《げんばく》や水爆よりも激しいもの〟が起きる可能性があると思ってください。そのかたちは言いませんが、どのくらいの力があるかをお見せしたいとは思ってはいます。

まあ、そんなに遠くないかたちでは起きると思います。

質問者A　なるほど。

ヤイドロン　もうちょっとはっきり言ってもいいんだけれども、まあ、ちょっと出方も見て。今、挑発《ちょうはつ》しているから。

質問者A　そうですね。でも、あと、地上の人間たちはまた別途……。

ヤイドロン　努力しなきゃいけないよね。

質問者A　はい。やることはありますので。

ヤイドロン　あなたがたは、まあ、選挙では駄目だけれども、映画とかでメッセージを発信しているし、本も出しているし。

質問者A　はい。でも、政党からのメッセージもやはり大事だと思いますよ。選挙自体が目的ではありませんから。

やはり国を変えていかなければいけないし、神様のお名前を広めなければいけないし。

ヤイドロン　うん、そうだね。

でも、まあ、危機がやっぱり……。あのね、広島出身の首相というのも困ったところがあるんだけれども。もう、「ノー・モア・ヒロシマ」で原爆を……。まあ、それは敵方が排除《はいじょ》してくれるのなら結構ですけれどもね。味方側のほうを排除したら、ちょっと話になりませんからね。

まあ、粘《ねば》り強く、ちょっと、言うべきことは言ったほうがいいと思います。

質問者A　はい。でも、久しぶりにお話しできて、とてもありがたかったです。

ヤイドロン　はい。まあ、「（映画で）『宇宙の法』をやっているのに全然来ない」

と言っているから、「いや、来ますよ」と。

質問者Ａ　実際、裏では、『メシアの法』関連も含《ふく》めていろいろお手伝いしてくださっていますから。

中国がCO_2をなくす運動で考えている論理とは？

ヤイドロン　それにね、蔡英文《さいえいぶん》さんだって、大川隆法総裁が（台湾巡錫《じゅんしゃく》に）来て、「今度は日本は、台湾を見捨てません」と言ってくれた一言《ひとこと》は、とってもうれしい。とってもうれしいので、うん。

質問者Ａ　そうなんですよ。大きいですよね。

ヤイドロン　「今回は退《ひ》かないぞ」という感じですかね。

『愛は憎しみを超えて』（幸福の科学出版刊）

質問者A　そうですね。

ヤイドロン　それで、（中国は）一つはそのCO2をなくす運動で「もう石油なんか要《い》らないので」というかたちにして、「シーレーンを護《まも》る必要なんかない」みたいな感じに持っていこうとしているんですよ。だから、もう〝グレタ教〟もね、実は利用されているので。

質問者A　そうですよね。

ヤイドロン　もう石油を使わない文明になれば、タンカーによる輸送が要らないから。だから、シーレーンが要らないから、台湾海峡《かいきょう》を護る必要もないと、まあ、こういう論理になるんですけれども、そうはいかないと思いますよ。

質問者Ａ　今は、中国も電気が不足していたりしましたよね？

ヤイドロン　そうですね。停電は続いていますから。だから、もう文明国というか工業国としては限界が出てきていますよね。

　ああいうところは統計がいいかげんだからね、ま、分からないところもあるから。

質問者Ａ　でも、個人にも教えてくださっていますけれども、国も、やはり「大きくなったら公的になれ」という感じですよね。

ヤイドロン　そうですね。まあ、あれでは無理ですね。でも、あれはバイキングの国みたいなものですね。本当に海賊《かいぞく》ですね。

質問者A　なるほど。

ヤイドロン　いや、そういう、「世界との友好関係を築けずして発展なし」ということを知らしめる必要があると思います。もちろん、なかにいる人たちはそうとう洗脳されていて、共産党に支配されていますから。一億人にも足りない共産党のなかでも反対分子もいますから。

ダメージがどの程度かをやはり知らせてやる。彼が洗脳しようとしているから、習近平《しゅうきんぺい》が。その洗脳についていって損か得かを考えて、「損になる」というのなら、やはり考え方が変わってくるはずなので。

まあ、私たちは、何らかのことはします。

質問者A　はい。

ヤイドロン　まあ、はっきり言いすぎると、ちょっと、あなたがたも具合が悪いこともあるかもしれないから、はい。

質問者Ａ　はい。では、今日はこんな感じでよろしいでしょうか。

ヤイドロン　はい。ありがとうございました。

質問者Ａ　本当にありがとうございました。

大川隆法　（手を二回叩《たた》く）

あとがき

釣鐘理論《つりがねりろん》というものがある。お寺の大きな釣鐘は、指で押したぐらいでは動かない。そんな微力《びりょく》であっても、繰り返し、周期的に押し続けると、次第《しだい》に大きく揺《ゆ》れ始めるという。故《こ》・渡部昇一《わたなべしょういち》先生が、小さな言論も繰り返して発信していると、いつかは世の中を動かすことになると、自戒《じかい》と希望《きぼう》を込《こ》めて語った言葉である。この言葉にも励《はげ》まされて、世の常識に真っ向から挑戦し続けること、三十五年以上。

説法三千三百五十回以上、著書二千九百書以上、映画制作二十三作以上、著書

は三十七言語に訳され、世界百六十四カ国に信者がいても、世界は、すぐには変わろうとはしない。人々は共同幻想《きょうどうげんそう》の中を生きている。

地球神は、すでに言葉を発している。それは過去のユダヤ教、仏教、キリスト教、イスラム教、ヒンズー教を超えたものである。「信ずる力」こそが釣鐘を大きく揺らすことになろう。

二〇二一年　十月十九日

幸福《こうふく》の科学《かがく》グループ創始者兼総裁《そうししゃけんそうさい》　大川隆法《おおかわりゅうほう》

『ヤイドロンの霊言「世界の崩壊をくい止めるには」』関連書籍

『現代の武士道』（大川隆法 著　幸福の科学出版刊）
『愛は憎しみを超えて』（同右）
『バイデン守護霊の霊言』（同右）
『天御祖神の降臨』（同右）
『ミャンマーに平和は来るか――アウン・サン・スー・チー守護霊、
　ミン・アウン・フライン将軍守護霊、釈尊の霊言――』（同右）
『ネルソン・マンデラ ラスト・メッセージ』（同右）
『イエス　ヤイドロン　トス神の霊言』（同右）
『メタトロンの霊言「危機の時代の光」』（同右）
『R・A・ゴール 地球の未来を拓く言葉』（同右）

『UFOリーディング　激化する光と闇の戦い』（同右）

※左記は書店では取り扱っておりません。最寄りの精舎・支部・拠点までお問い合わせください。

『君よ、涙の谷を渡れ。』（大川隆法 著　宗教法人幸福の科学刊）

ヤイドロンの霊言《れいげん》
「世界《せかい》の崩壊《ほうかい》をくい止《と》めるには」

2021年11月 4 日　初版第 1 刷

著　者　　大《おお》 川《かわ》 隆《りゅう》 法《ほう》

発行所　　幸福の科学出版株式会社

〒107-0052 東京都港区赤坂 2 丁目 10 番 8 号
TEL(03)5573-7700
https://www.irhpress.co.jp/

印刷・製本　株式会社 堀内印刷所

落丁・乱丁本はおとりかえいたします

ISBN978-4-8233-0310-4 C0030
帯 クレジット：時事，EPA ＝時事，AFP ＝時事
装丁・イラスト・写真（上記・パブリックドメインを除く）© 幸福の科学

大川隆法霊言シリーズ・正義の守護神・ヤイドロン

ＵＦＯリーディング 救世主を護る宇宙存在 ヤイドロンとの対話

「正義の守護神」である宇宙存在・ヤイドロンからのメッセージ。人類が直面する危機や今後の世界情勢、闇宇宙の実態などが、宇宙的視点から語られる。

1,540円

ヤイドロンの本心

コロナ禍で苦しむ人類への指針

アメリカの覇権が終焉を迎えたとき、次の時代をどう構想するか？ 混沌と崩壊が加速する今の世界に対して、宇宙の守護神的存在からの緊急メッセージ。

1,540円

ウィズ・セイビア 救世主とともに

宇宙存在ヤイドロンのメッセージ

正義と裁きを司る宇宙存在が示す、地球の役割や人類の進むべき未来とは？ 崩壊と混沌の時代のなかで、宇宙人の側から大川隆法総裁の使命を明かした書。

1,540円

イエス ヤイドロン トス神の霊言

神々の考える現代的正義

香港デモに正義はあるのか。LGBTの問題点とは。地球温暖化は人類の危機なのか。中東問題の解決に向けて。神々の語る「正義」と「未来」が人類に示される。

1,540円

※表示価格は税込10％です。

大川隆法霊言シリーズ・ヤイドロンからのメッセージ

UFOリーディング 激化する光と闇の戦い

救世主を護る宇宙人vs.全体主義国家を支援する悪質宇宙人──。地球における価値観対立の裏にある宇宙戦争の秘密を明かす。ヤイドロンの霊言も収録。

1,540円

釈尊の未来予言

新型コロナ危機の今と、その先をどう読むか──。「アジアの光」と呼ばれた釈尊が、答えなき混沌の時代に、世界の進むべき道筋と人類の未来を指し示す。メタトロン、ヤイドロンの霊言も収録。

1,540円

魔法と呪術の可能性とは何か

魔術師マーリン、ヤイドロン、役小角の霊言

英国史上最大の魔術師と、日本修験道の祖が解き明かす「スーパーナチュラルな力」とは？ 宗教発生の原点、源流を明らかにし、唯物論の邪見を正す。

1,540円

中国 虚像の大国

商鞅・韓非・毛沢東・林彪の霊言

世界支配を目論む習近平氏が利用する「法家思想」と「毛沢東の権威」。闇に覆われた中国共産主義の悪を打ち破る一書。ヤイドロンの霊言も収録。

1,540円

大川隆法霊言シリーズ・**中国に潜む闇の本質を見抜く**

ゾロアスター 宇宙の闇の神とどう戦うか

全体主義国家・中国の背後に働く「闇の力」とは？ かつて宇宙の闇の神と戦ったゾロアスターが、その正体と企みを明らかにした人類への警世の書。

1,540 円

習近平思考の今

米大統領選でのバイデン氏当選後、習近平主席の考え方はどう変化したのか？ 中国の覇権拡大の裏にある「闇の宇宙存在」と世界侵略のシナリオが明らかに。

1,540 円

大中華帝国崩壊への序曲

中国の女神 洞庭《どうてい》湖《こ》娘娘《ニャンニャン》、泰山《たいざん》娘娘《ニャンニャン》／アフリカのズールー神の霊言

唯物論・無神論の国家が世界帝国になることはありえない──。コロナ禍に加え、バッタ襲来、大洪水等、中国で相次ぐ天災の「神意」と「近未来予測」。

1,540 円

毛沢東の霊言

中国覇権主義、暗黒の原点を探る

言論統制、覇権拡大、人民虐殺──、中国共産主義の根幹に隠された恐るべき真実とは。中国建国の父・毛沢東の虚像を打ち砕く！

1,540 円

※表示価格は税込10％です。

大川隆法霊言シリーズ・世界情勢を読む

ミャンマーに平和は来るか

アウン・サン・スー・チー守護霊、ミン・アウン・フライン将軍守護霊、釈尊の霊言

軍事クーデターは、中国によるアジア支配の序章にすぎない——。関係者たちへの守護霊インタビューと釈尊の霊言により、対立の本質と解決への道筋を探る。

1,540円

北朝鮮から見た国際情勢

金正恩の守護霊霊言

バイデン政権誕生に国家存亡の危機を感じている金正恩氏守護霊が、中国の脅威と日本への期待を語る。また、ロシアを指導する宇宙人との通信を特別収録。

1,540円

トランプは死せず

復活への信念

戦いはまだ終わらない——。退任後も世界正義実現への強い意志を持ち続けるトランプ氏の守護霊が、復活への構想や、リーダー国家・アメリカの使命を語る。

1,540円

バイデン守護霊の霊言

大統領就任直前の本心を語る

繁栄か、没落か？　アメリカ国民の選択は、はたして正しかったのか？　内政から外交まで、新大統領バイデン氏の本心に迫るスピリチュアル・インタビュー。

1,540円

大川隆法シリーズ・**最新刊**

原説・『愛の発展段階説』

若き日の愛の哲学

著者が宗教家として立つ前、商社勤めをしながら書きためていた論考を初の書籍化。思想の出発点である「若き日の愛の哲学」が説かれた宝物のような一冊。

1,980円

大川隆法　初期重要講演集 ベストセレクション⑥

悟りに到る道

全人類救済のために──。「悟りの時代」の到来を告げ、イエス・キリストや仏陀・釈尊を超える「救世の法」が説かれた、初期講演集シリーズ第６巻！

1,980円

エル・カンターレ 人生の疑問・悩みに答える 霊現象・霊障への対処法

シリーズ第6弾

悪夢、予知・占い、原因不明の不調・疲れなど、誰もが経験している「霊的現象」の真実を解明した26のQ&A。霊障問題に対処するための基本テキスト。

1,760円

小さなメルヘン／インドの王子

『詩集 Leftover ─青春のなごり─』『詩集 私のパンセ』から、純粋な与えきりの愛の物語と、若き日の仏陀の「決意と情熱」を表した詩篇をそれぞれ絵本化した、詩篇絵本シリーズ。

1,320円

1,100円

※表示価格は税込10%です。

大川隆法「法シリーズ」・最新刊

秘密の法

人生を変える新しい世界観

法シリーズ 27作目

あなたの常識を一新させ、世界がより美しく、喜びに満ちたものになるように——。降魔の方法や、神の神秘的な力、信仰の持つ奇跡のパワーを解き明かす。

第1章 宗教の秘密の世界
——この世とあの世の真実を解き明かす

第2章 霊障者の立ち直りについて
——ウィルス感染と憑依の秘密

第3章 ザ・リアル・エクソシストの条件
——悪魔祓いの霊的秘儀

第4章 降魔の本道
——世界を輝かせる法力とは

第5章 信仰からの創造
——人類の危機を乗り越える秘密

2,200円

幸福の科学の中心的な教え——「法シリーズ」

好評発売中！

幸福の科学出版

幸福の科学グループのご案内

宗教、教育、政治、出版などの活動を通じて、地球的ユートピアの実現を目指しています。

幸福の科学

一九八六年に立宗。信仰の対象は、地球系霊団の最高大霊、主エル・カンターレ。世界百六十カ国以上の国々に信者を持ち、全人類救済という尊い使命のもと、信者は、「愛」と「悟り」と「ユートピア建設」の教えの実践、伝道に励んでいます。

（二〇二一年十月現在）

愛

幸福の科学の「愛」とは、与える愛です。これは、仏教の慈悲《じひ》や布施《ふせ》の精神と同じことです。信者は、仏法真理をお伝えすることを通して、多くの方に幸福な人生を送っていただくための活動に励んでいます。

悟り

「悟り」とは、自らが仏の子であることを知るということです。教学《きょうがく》や精神統一によって心を磨き、智慧《ちえ》を得て悩みを解決すると共に、天使・菩薩《ぼさつ》の境地を目指し、より多くの人を救える力を身につけていきます。

ユートピア建設

私たち人間は、地上に理想世界を建設するという尊い使命を持って生まれてきています。社会の悪を押しとどめ、善を推し進めるために、信者はさまざまな活動に積極的に参加しています。

国内外の世界で貧困や災害、心の病で苦しんでいる人々に対しては、現地メンバーや支援団体と連携して、物心両面にわたり、あらゆる手段で手を差し伸べています。

年間約２万人の自殺者を減らすため、全国各地で街頭キャンペーンを展開しています。

公式サイト **www.withyou-hs.net**

自殺防止相談窓口

受付時間　火〜土:10〜18時（祝日を含む）

TEL **03-5573-7707** メール **withyou-hs@happy-science.org**

ヘレン・ケラーを理想として活動する、ハンディキャップを持つ方とボランティアの会です。視聴覚障害者、肢体不自由な方々に仏法真理を学んでいただくための、さまざまなサポートをしています。

公式サイト **www.helen-hs.net**

入会のご案内

幸福の科学では、大川隆法総裁が説く仏法真理《ぶっぽうしんり》をもとに、「どうすれば幸福になれるのか、また、他の人を幸福にできるのか」を学び、実践しています。

入会

仏法真理を学んでみたい方へ

大川隆法総裁の教えを信じ、学ぼうとする方なら、どなたでも入会できます。入会された方には、『入会版「正心法語《しょうしんほうご》」』が授与されます。

ネット入会 入会ご希望の方はネットからも入会できます。
happy-science.jp/joinus

三帰《さんき》誓願《せいがん》

信仰をさらに深めたい方へ

仏弟子としてさらに信仰を深めたい方は、仏《ぶっ》・法《ぽう》・僧《そう》の三宝《さんぽう》への帰依を誓う「三帰誓願式」を受けることができます。三帰誓願者には、『仏説・正心法語』『祈願文《きがんもん》①』『祈願文②』『エル・カンターレへの祈り』が授与されます。

幸福の科学 サービスセンター
TEL 03-5793-1727
受付時間/
火〜金:10〜20時
土・日祝:10〜18時
（月曜を除く）

幸福の科学 公式サイト
happy-science.jp

ハッピー・サイエンス・ユニバーシティ

Happy Science University

ハッピー・サイエンス・ユニバーシティとは

ハッピー・サイエンス・ユニバーシティ（HSU）は、大川隆法総裁が設立された「現代の松下村塾」であり、「日本発の本格私学」です。建学の精神として「幸福の探究と新文明の創造」を掲げ、チャレンジ精神にあふれ、新時代を切り拓く人材の輩出を目指します。

人間幸福学部　経営成功学部　未来産業学部

HSU長生キャンパス TEL **0475-32-7770**

〒299-4325　千葉県長生郡長生村一松丙 4427-1

未来創造学部

HSU未来創造・東京キャンパス

TEL **03-3699-7707**

〒136-0076　東京都江東区南砂2-6-5　公式サイト **happy-science.university**

学校法人 幸福の科学学園

学校法人 幸福の科学学園は、幸福の科学の教育理念のもとにつくられた教育機関です。人間にとって最も大切な宗教教育の導入を通じて精神性を高めながら、ユートピア建設に貢献する人材輩出を目指しています。

幸福の科学学園

中学校・高等学校（那須本校）

2010年4月開校・栃木県那須郡（男女共学・全寮制）

TEL **0287-75-7777** 公式サイト **happy-science.ac.jp**

関西中学校・高等学校（関西校）

2013年4月開校・滋賀県大津市（男女共学・寮及び通学）

TEL **077-573-7774** 公式サイト **kansai.happy-science.ac.jp**

仏法真理塾「サクセスNo.1」

全国に本校・拠点・支部校を展開する、幸福の科学による信仰教育の機関です。小学生・中学生・高校生を対象に、信仰教育・徳育にウエイトを置きつつ、将来、社会人として活躍するための学力養成にも力を注いでいます。

TEL 03-5750-0751（東京本校）

エンゼルプランV

東京本校を中心に、全国に支部教室を展開。信仰をもとに幼児の心を豊かに育む情操教育を行い、子どもの個性を伸ばして天使に育てます。

TEL 03-5750-0757（東京本校）

エンゼル精舎

乳幼児が対象の、託児型の宗教教育施設。エル・カンターレ信仰をもとに、「皆、光の子だと信じられる子」を育みます。
（※参拝施設ではありません）

不登校児支援スクール「ネバー・マインド」

TEL 03-5750-1741

心の面からのアプローチを重視して、不登校の子供たちを支援しています。

ユー・アー・エンゼル！（あなたは天使！）運動

障害児の不安や悩みに取り組み、ご両親を励まし、勇気づける、障害児支援のボランティア運動を展開しています。

一般社団法人 ユー・アー・エンゼル
TEL 03-6426-7797

NPO活動支援

学校からのいじめ追放を目指し、さまざまな社会提言をしています。また、各地でのシンポジウムや学校への啓発ポスター掲示等に取り組む一般財団法人「いじめから子供を守ろうネットワーク」を支援しています。

公式サイト mamoro.org　ブログ blog.mamoro.org
相談窓口 TEL.03-5544-8989

百歳まで生きる会

「百歳まで生きる会」は、生涯現役人生を掲げ、友達づくり、生きがいづくりをめざしている幸福の科学のシニア信者の集まりです。

シニア・プラン21

生涯反省で人生を再生・新生し、希望に満ちた生涯現役人生を生きる仏法真理道場です。定期的に開催される研修には、年齢を問わず、多くの方が参加しています。
全世界212カ所（国内197カ所、海外15カ所）で開校中。

【東京校】 TEL 03-6384-0778　FAX 03-6384-0779
メール senior-plan@kofuku-no-kagaku.or.jp

幸福実現党

内憂外患《ないゆうがいかん》の国難に立ち向かうべく、2009年5月に幸福実現党を立党しました。創立者である大川隆法党総裁の精神的指導のもと、宗教だけでは解決できない問題に取り組み、幸福を具体化するための力になっています。

党の機関紙
「幸福実現党NEWS」

幸福実現党 釈量子サイト shaku-ryoko.net
Twitter 釈量子@shakuryokoで検索

幸福実現党 党員募集中

あなたも幸福を実現する政治に参画しませんか。

○幸福実現党の理念と綱領、政策に賛同する18歳以上の方なら、どなたでも参加いただけます。

○党費:正党員(年額5千円[学生 年額2千円])、特別党員(年額10万円以上)、家族党員(年額2千円)

○党員資格は党費を入金された日から1年間です。

○正党員、特別党員の皆様には機関紙「幸福実現党NEWS(党員版)」(不定期発行)が送付されます。

*申込書は、下記、幸福実現党公式サイトでダウンロードできます。
住所:〒107-0052 東京都港区赤坂2-10-8 6階 幸福実現党本部
TEL 03-6441-0754 FAX 03-6441-0764
公式サイト hr-party.jp

幸福の科学出版

大川隆法総裁の仏法真理の書を中心に、ビジネス、自己啓発、小説など、さまざまなジャンルの書籍・雑誌を出版しています。他にも、映画事業、文学・学術発展のための振興事業、テレビ・ラジオ番組の提供など、幸福の科学文化を広げる事業を行っています。

アー・ユー・ハッピー？
are-you-happy.com

ザ・リバティ
the-liberty.com

幸福の科学出版
TEL **03-5573-7700**
公式サイト **irhpress.co.jp**

THE FACT
ザ・ファクト
マスコミが報道しない
「事実」を世界に伝える
ネット・オピニオン番組

ザ・ファクト　検索

NEW STAR PRODUCTION

ニュースター・プロダクション

「新時代の美」を創造する芸能プロダクションです。多くの方々に良き感化を与えられるような魅力あふれるタレントを世に送り出すべく、日々、活動しています。 公式サイト **newstarpro.co.jp**

ARI Production

ARI《アリ》 Production《プロダクション》

タレント一人ひとりの個性や魅力を引き出し、「新時代を創造するエンターテインメント」をコンセプトに、世の中に精神的価値のある作品を提供していく芸能プロダクションです。 公式サイト **aripro.co.jp**

大川隆法　講演会のご案内

大川隆法総裁の講演会が全国各地で開催されています。講演のなかでは、毎回、「世界教師」としての立場から、幸福な人生を生きるための心の教えをはじめ、世界各地で起きている宗教対立、紛争、国際政治や経済といった時事問題に対する指針など、日本と世界がさらなる繁栄の未来を実現するための道筋が示されています。

2020年12月8日 さいたまスーパーアリーナ
「"With Savior"(ウィズ・セイビア)―救世主と共に―」

2019年10月6日 ザ ウェスティン ハーバーキャッスル トロント(カナダ)
「The Reason We Are Here」

2019年12月17日 さいたまスーパーアリーナ
「新しき繁栄の時代へ」

2019年3月3日 グランド ハイアット 台北(台湾)
「愛は憎しみを超えて」

2019年7月5日 福岡国際センター
「人生に自信を持て」

講演会には、どなたでもご参加いただけます。
最新の講演会の開催情報はこちらへ。⟹　大川隆法総裁公式サイト
https://ryuho-okawa.org